月収30万円ボーナスなし
サラリーマンでも
2.6億円つくった方法

リアルガチ！3倍になる米国個別株の見つけ方

チョコの株式投資
Diary運営者
チョコ

KADOKAWA

はじめまして、ブログ「チョコの株式投資Diary」を運営している
米国株投資家のチョコと申します。
会社勤めをしながら投資を始め、金融資産は2億6千万となりました。（2023年1月現在）
現在はいわゆるFIREを達成して、お金に支配されない自由な日々を送れています。
サラリーマン時代の僕は金銭面での苦労が絶えず…
は～っつかれた
ん～っ

はっっ…!
終電逃してるやんけー!!
タクシー代もないので3時間家まで歩いて帰ったり…
朝日がまぶしい…
かんぱーい!
いつも頑張っている部下たちをねぎらえば…
ゴチになります!
ありがとうございます!!
カードで
このカード
残高不足ですね…
え…

情けねェ…
当時付き合ってた彼女に電話して助けを乞う始末
あ、もしもし久美子？お金かしてくんない？
このまま会社がなくなったら…
自分の仕事がなくなったら…
お金がないゆえにお金に支配され辛い日々でした。
そんな僕が株式投資を始めたきっかけは、同僚のMくん
そして投資家Hさんとの出会いがあったから…

同僚のMくんは学生時代から株式投資をしていて…
どんだけ儲かってんの?
実は…
数千万?!
くやし——っ
俺はこんなに苦しんでんのにっ
この告白が僕にとってのパラダイムシフトとなったのです。
てき
ぱき
不確実な将来に期待したり、不安になったり、そういうことじゃなく、今この瞬間に一歩一歩確実に資産を増やすことが大事
金銭的な力があってはじめて自由に生きられる。本当の意味で人にやさしくしたり、自分のやりたいことを、やりたいようにやれるんだ

投資家のHさんは僕の勤める会社の顧問を務めていました。
株式や不動産の投資はもちろん、複数の事業、経営に携わる精力的な方でした。
チョコくん、労働者と資産家はちがう…
経済的に自由を得るには資産家にならないといけない
日々をあくせく働くだけでなく、
当時、金銭面で苦労していた自分にとって…
はい…
自分の持つ資産を働かせて資産が収入を生まないと！
彼ら2人はお金に支配されない自由な人間のように見えました。

彼らのようにお金に対するリテラシーを身につけて
お金に支配されない自由を得ることが重要だとわかったのです。
僕に2億超えの資産をもたらしてくれたのは、「米国個別株」への投資です。
それもGoogleやAmazonなどの誰もが知っている銘柄ばかり

僕が投資経験の中で学んだ「これから成長する2倍、3倍になる株の見つけ方」のポイントを本書に詰め込みました。
本書を読めばきっと1人前の「米国株投資家」になれるはず。

みなさんも成長する
銘柄を見つけて
自由を勝ち取るために
一歩踏み出して
みてください！

はじめに

「お金に支配されない自由」は誰でも手に入れられる

▼25歳、年収300万円台から、早期リタイアしました

はじめまして、米国株投資家の**チョコ**と申します。

数多くある投資の本の中から、本書を手に取っていただきありがとうございます。

ぼくは2012年から株式への投資、特に米国株の売買をメインに取り組んでいる個人投資家です。

また、投資活動のかたわら、米国株を中心とした投資記事や、ネットニュースのまとめ記事を掲載するブログ**「チョコの株式投資Diary（http://choco0202.work）」**を2016年より運営しています。

最高のアクセス数は230万PV／月、ライブドアブログランキングでは、ビジネス・経済（総合）部門の約15万ブログ中1位（2022年8月時点）と、おかげさまで好成績のブログになっています（読者のみなさん、誠にありがとうございます）。

現在、ぼくは**2億円以上の資産を米国株や投資信託、債券などで運用**しています。

時には、マーケットの変動で含み損を抱えることもありますが、直近数年における金融

資産からの年間収入は、幸いにもプラスを維持しており、**資産が収入を生んでくれる状態**をつくれています。

収入の多くは株式への再投資であったり、不動産や仮想通貨など別の資産への投資や、個人で手掛けるいくつかの事業運営に充当したりしています。

もともとぼくは、会社勤めをしながら投資家としてのキャリアをスタートさせました。その後、２０２１年には早くも、10年以上勤めた会社を卒業させていただくことができました。投資を始めてから8年でいわゆる**FIREを達成**したのです。

現在は個人投資家としての活動を行いながら、ずっとやりたかった新しいチャレンジに時間を使ったりと、**お金に支配されない自由な日々**を送っています。

▼「お金に支配されない自由」は誰でも手に入れられる

ぼくがこの本で伝えたいのは、**お金に支配されない自由は誰でも勝ち取ることができる**、ということです。

「お金に支配されない自由」は、ぼくの人生でとても大事なテーマの一つです。

自分が納得できるだけの生活環境に身を置きながらも、将来への金銭的な不安を感じることなく、お金を稼ぐためだけに無理をしたり、嫌な仕事にあくせく取り組んだりすることもなく、バカ高いものでなければ欲しいと思ったものは手に入れられ、家族を養ったり友人と楽しんだり、穏やかな日々を過ごす自由。

ぼくが考える**「お金に支配されない自由」**とは、そういったイメージです。

この本を手に取っていただいたみなさんは、

「仕事で生活できるくらいはもらえているけど、いつまで続けられるか分からない…」
「頑張って仕事しているけど、なかなか貯金が増えない」
「今はそれなりに生活できているけど、将来どうなるか不安…」
「これからの人生、お金の心配が消えない」

こんなことで悩んでいるかもしれません。

もしそうであれば、間違いなく本書がみなさんの悩みを解決する一手になると思うので、このまま読み進めてください。

▼お金に苦労した社畜サラリーマン時代

ぼくが株式投資をはじめたのは、まだ会社勤めをしていた20代のころでした。

新卒で入社した大手出版社を20代前半に辞めて、先輩が立ち上げた創業間もないインターネット企業に転職して数年経ったころです。

会社での仕事にはとてもやりがいがあり、役職者だったこともあって、当時のぼくは寝る間も惜しんで、毎日がむしゃらに働いていました。

しかし歴史の浅いベンチャー勤務だったことや、ぼく自身のお金のリテラシーが低かったことも相まって、お金の面での苦労が多かった印象です。

残業で終電を逃しても、タクシーに乗るお金がなく、オフィスから自宅までの夜道を、3時間以上とぼとぼ歩いて帰宅したこともありました。

――21世紀にもなって、なぜこんな狩猟採集民族みたいな生活をしているんだろう。

と、ひとり朝焼けを見ながら、やるせない気持ちを抱えていました。

普段遅くまで頑張ってくれているので、部下たちの労をねぎらおうと、食事会を開催したことがあります。もちろん費用はぼくが支払います。

その際、たかだか数万円のお会計にもかかわらず、ぼくのクレジットカードの残高が足りず、恥ずかしい思いをしたこともあります。

会社の経費を使うわけにはいきません。かといって、せっかくの楽しい雰囲気を「やっぱり割り勘で」の一言で、ぶち壊しにすることもできませんでした。

仕方なく、当時お付き合いしていた女性に泣きながら電話をかけて、お金を貸してもらい、会計を済ませたことを覚えています。

そんなぼくとは対照的に、外資系の金融機関やコンサルティングファームに就職した友人たちを見ると、異常なほど羽振りがいいのです。

その姿を見て、「ぼくの選択が間違っていたのかな」と、自信喪失したこともありました。

当時のぼくの月額給与は、ボーナス無しの手取り30万円程度でした。

日本全体の平均と照らし合わせれば、この金額は決して低いものではないと理解はしていました。ただ、地方から上京した一人暮らしで、ある程度の金額は家賃として飛んでいき、そこから光熱費や食費、必要最低限の交際費などを引くと、手元に残る金額は微々たるものでした。

会社の業績が良くない時、上司の機嫌が悪い時など、「このまま会社がなくなったらどうなるだろう」とか「自分の仕事や活躍の場がなくなったらどうなるだろう」と不安になり、夜も眠れない時もありました。

かといって、仕事を投げ出して会社を辞めても、生活が好転するはずがありません。

けれども、勢いだけで物事に対処する今の生活が、今後ずっと続けられるわけはないだろうな、という漠然とした焦りが自分の中にありました。


お金がないゆえに悩み、苦しむ。

当時のぼくはまさに、**お金に支配されている状態**だったと言えます。

▼人生の悩みの9割は「投資」で解決できる

そんなぼくが株式投資を始めたきっかけは、同僚のMくん、そして投資家のHさんとの出会いでした。


同僚のMくんを一言で表現すると、とても気さくないいやつ、でした。

転職してチームの一員になってくれた彼に、年次上は先輩だったぼくは、いろいろな業務の知識を教えたり、彼の仕事のサポートをする役回りでした。仕事が大変な時にも、理不尽な目にあった時にも、彼はいつもニコニコ、前向きな対応をしてくれました。

人懐っこい彼のことを、ぼくはいつも弟分のように思って接していました。

ある時、ふとした会話からMくんが学生時代から株式投資をしていることを知ります。「スイングトレード」とか、「移動平均線」とか、よく分からない単語を彼が口にするので、「結局どんだけ儲かってんの？　そんなに儲かってないでしょ？」と、ぼくは彼に問いかけました。自分がよく分からない話をシャットアウトするつもりだったのです。

「実は……」と切り出した彼は、その時点で既に数千万円規模の資産を株式で運用していることを告白したのです。

「裏切り者」

ぼくはただただ、彼のことをそう思うばかりでした。

「ぼくが日々こんなに仕事で苦しんでいるのに、お前はなんていう額の蓄財をしているんだ」

「そりゃあ何があってもニコニコできるわけだ。ぼくだったら24時間笑いっぱなしだわ」

つい、胸のうちでこんなことを考えていました。

今まで彼に対して先輩面していた自分が情けなく、かつ悔しく感じたのです。

けれども、同時に、このMくんの告白が、ぼくにとっての「パラダイムシフト」となったのです。

「時間を切り売りしてお金に換えているだけではだめだ」
「不確実な将来に期待したり、不安になったり、そういうことじゃなくて、今この瞬間に一歩一歩確実に資産を増やすことが大事なんだ」
「金銭的な力があってはじめて、自由に生きられる。本当の意味で人にやさしくしたり、自分のやりたいことを、やりたいようにやれるんだ」

ぼくがそう思うきっかけになったのが、このMくんとの出会いだったのです。

投資家のHさんとは、ぼくが勤めていた会社の社外取締役を務めてくださっていた関係で、お近づきになりました。

株式投資や不動産投資はもちろん、複数の事業への投資や経営にも携わるHさんは、とてもおおらかで元気はつらつとした方でした。普通の会社員なら定年くらいの年齢でしたが、精力的に活動されていたことを覚えています。

社外取締役を退任する際にごはんをごちそうしてくれたHさんは、ぼくに色々なことを語ってくれました。

「労働者と資産家は違う。経済的な自由を得るには資産家にならないといけない」

「日々あくせく働くだけではなく、自分の持つ資産を働かせて、資産が収入を生む状態をつくらないといけない」

「若者には時間が味方をしてくれる。10年、20年という時間をかければ、今持っている資産を2倍、3倍にすることができる」

どれも、労働者として日々を生き、お金の面では正直苦戦していた自分にとって、目からうろこが落ちる金言でした。

当時のぼくから見ると、彼ら2人は、まさにお金に支配されない自由な人間のように見えました。

お金で何でも解決できるとはさすがに思いませんが、9割くらいは解決できるとぼくは思っています。少なくとも、かつてのぼくの苦労や悩みの大半は、お金を稼ぐことで解決できそうなものばかりでした。

できるだけ早い段階で、彼らのようにお金に関するリテラシーを身に着けて、経済的に成功し、お金に支配されない自由を得ることがとても重要だと、ぼくは考えるようになりました。

まだ会社を辞めようという気もありませんでしたから、仕事で活躍して収入を増やし豊かになるのは、それはそれでまた1つの目標としてありました。

ただ、その目標と同時に**「投資に取り組んで1億円以上の金融資産を築き、お金に支配されない自由を勝ちとる」**をもう1つの目標に置き、20代のぼくは株式投資に取り組みはじめたのです。

▼2億超えの資産をくれた米国個別株との出会い

ぼく自身、周囲の影響や憧れだけで、これといった知識もないまま、株式投資をはじめました。明らかに失敗だったという売買も、これまでたくさんありました。

しかし、そんなぼくにも、ここ数年来の投資、特に**米国株への投資**によって、効果的な資産形成ができたのです。

「米国株への投資」と聞くと、英語力が必要なんじゃないかとか、日本株の方が簡単そうで、米国株は上級者向けなんじゃないかといった疑問を感じる人もいるかもしれません。

それらはまったくの誤解です。ぼくも英語は全然できませんし、投資は未経験でしたが、米国株投資によって、成果を生むことができました。

米国株の方が日本株より圧倒的に資産を築きやすく、これから投資をはじめる初心者の方にこそオススメしたい投資方法であると、ぼくは考えています。

また、ぼくに大きな資産をもたらしてくれたのは、「米国個別株」です。

株は値上がりする銘柄を見つけるのが順当な勝ち方です。本書では「値上がりする株」の見つけ方を、基本的なところからやさしく具体的に書きました

本書の構成として、ぼくが投資をはじめてから現在の資産を築くまでの段階を5つのステップに分けて、順を追って説明しています。

STEP0では投資を始める前の事前準備として、「投資をするにあたっての目標の立て方」についてお伝えします。

STEP1では「投資に一歩踏み出した後の、初心者として大事な心得」を紹介します。

STEP2では、本書のメインとなる「値上がりする株の見つけ方」について、ぼくの体験談も通して詳しくレクチャーしていきます。

STEP3では、「資産がある程度増えてきた時の運用方法について」をわかりやすくお伝えしていきます。

STEP4では、いよいよ仕上げとなる「億越えを目前にした時の資産の守り方」について解説しています。

各ステップのその当時のぼくの資産や投資知識の状況などを最初にまとめているので、みなさん、ご自分の状況に合わせて、どのステップからも始められる構成にしています。

2022年現在、米国の政策金利引き上げからのインフレや、ウクライナ戦争などの政情不安から、マーケットが大きく荒れている状態ではあります。

こんなマーケット状況で株式投資を始めるなんて不安だという方もたくさんいるでしょう。

しかし、昨今のようにマーケットが大きく変動している時こそ、これから資産形成したい方にとって、投資をはじめる絶好の機会だったりもします。

今後の10年、20年を見据えると、これほど割安に米国株市場にエントリーできる機会はそうそうないとぼくは考えています。

「投資って難しいよな…」

「自分にはムリかも…」

そんなことを感じていたとしても、みなさんは本書に書いてあることを実践するだけで、大丈夫です。意外にもカンタンで「こんなものだったのか！」と拍子抜けすると思います。

たったこの一冊で、みなさんには**「お金に支配されない自由」が約束**されます。

この本を片手に、投資への第一歩を踏み出してもらったり、さらに資産を伸ばしたり、投資の世界を楽しんでください。

みんなで自由を勝ち取りましょう！

リアルガチ！　３倍になる米国個別株の見つけ方　もくじ

STEP1

資産が少ないうちは積極的にリスクを取る　53

STEP2 「2倍、3倍に値上がりする株」を当てる 95

STEP3 3000万円まで増やせば1億円達成はほぼ確実 161

STEP4

「攻めと守りのポートフォリオ」で1億円を超える　183

おわりに　215

●本書の構成

・この本では、筆者の実体験をもとに、**株式投資の基本的な知識を解説**しています。

・特に、**「投資初心者で元手が少ない人」**や、**「資産1億円を達成してFIREしたい人」**向けの考え方をくわしくご説明しています。

・まず、**【はじめに】**をお読みください。

・その後は、皆さんの状況にあわせて**【STEP0】**から**【STEP4】**の5つのステップ、どれから始めていただいても構いません。

・また、**【チョコの米国株投資のパフォーマンス】**では、筆者が実際に投資した**米国個別株の銘柄について、購入／売却時の価格やパフォーマンスを含め、基本的な情報を解説**しています。

●**注意点**

・本書の内容の多くは、2022年11月までの情報を元に作成しています。本書刊行後、金融に関する法律、制度が改正、または各社のサービス内容が変更される可能性がありますのであらかじめご了承ください。

・本書は株式投資情報の提供も行っていますが、特定の銘柄の購入を推奨するもの、またその有用性を保証するものではありません。個々の金融サービス、またはその金融商品の詳細については各金融機関にお問い合わせください。

・株式投資には一定のリスクが伴います。売買によって生まれた利益・損失について、執筆者ならびに出版社は一切責任を負いません。株式投資は必ず、ご自身の責任と判断のもとで行うようにお願い致します。

STEP 0

「金融資産1億円」を目標にしよう

▼1億円を目標にすべき理由

さて、前置きが長くなってしまいましたが、ここからぼくの投資メソッドを少しずつ紹介していければと思います。

ぼくは「**投資にも取り組んで1億円以上の金融資産を築き、お金に支配されない自由を勝ちとる**」を目標に投資をはじめました。

当時のぼくは20代半ばで、家族のしがらみや、大きな出費の予定もありませんでした。大きな借金さえしなければ、多少投資に失敗しても、30代、40代で頑張れば何とかなるだろうという、漠然とした自信や見立てもありました。

今考えれば、あまり根拠のない自信ではありましたが……。

チャレンジして失敗するリスクよりも、そのままお金のない生活をじりじり続けて年齢を重ねる方がよほど大きなリスクだと感じていました。

ですので、株式投資で大きく儲けてやろうという単純な動機で、当時の貯金300万円全額を投資に振り分けるという、とてもアグレッシブな運用スタイルで株式投資をはじめました。

1億円という金額は、20代半ばのぼくにとって、なかなかに大きなお金でしたが、それでもこの目標に強いこだわりを持っていました。

また、今でも資産をこの1億円という金額以上に維持しようと思いながら投資をしています。

なぜ1億円かというと、**運用して得られる利益だけで、毎年人並以上の生活を送るのに必要な資産が1億円**だと考えているからです。

FIREという概念があります。読み方は「ファイヤー」ですが、これは「火」という意味ではありません。**「Financial Independence, Retire Early（経済的自立と早期リタイア）」**の頭文字になります。

これは、若いうちに投資元本を蓄財し、運用益で生活する目途が立った段階で早期リタイアするという概念です。

株式投資をはじめた頃のぼくの給与水準は、総額で500万円前後。それくらいの収入があれば、人並みの生活は可能です。

つまり、**1億円を5％の利回りで運用できれば、毎年、人並みの生活を送るだけの収入が得られる**というわけです。

元手の1億円を貯めることさえできれば、FIREを達成し、自分は働かず、お金に働

▸FIRE を達成し、お金に働いてもらう生活ができる

いてもらう生活ができるという計算になります。

もし仮に利回りが倍の10%を達成できれば、働かずして年収1000万円も夢ではありません。

これは元手を減らしているわけではありません。

次の年も、またその次の年も、ずっとお金が働いて収入を得られます。だから、自らあくせく働くことなく、一定以上の生活を続けられるという寸法です。

蛇口からコップに水を注いだとして、そのまま中身を飲んでしまうのではなく、コップから溢れた水だけを飲めば、コップの中の水は減らない、というのと同じ原理です。

5%もの利回りは難しいんじゃないか、と思う方もいらっしゃるかもしれません。しかし、**正直な所、5%はなかなかに楽勝な数字**だとぼくは思っています。

例えば、米国株には**S&P500**という指数があります。これはS&Pダウ・ジョーンズ・インデックスLLCが公表している株価指数で、アップルやマイクロソフト、テスラなど、米国を代表する500社の株の値動きを束ねて指数化したものです。

ざっくり、**米国での株の値動きを平均化して表してくれるもの**だとお考え下さい。

その過去40年間の指数の推移が**図1**になります。

これを年間あたりに直すと、この40年の間のS&P500の平均成長率は6%以上になります。

これはもちろん好景気の局面だけでなく、ITバブル崩壊やリーマンショック、コロナショック時などの数値も入っています。その上で、平均の成長率が6％なのです。

つまり、**S&P500を構成するような米国主要企業の株を買って放置しておけば年率5％なんて楽勝**、というのもあながち間違いではないのです。

▼投資の「目的・目標額・時期」を明確にする

株をはじめる上で最も大事なことは**中長期的な目標を設定すること**だ、とぼくは考えています。

いきなり「目標を立てるように」と言われても、これから株式投資をはじめようとされているみなさんにはなかなか難しいかも知れません。

けれども、中長期的な目標の設定には、実はたくさんの大事な意味合いが含まれています。

「単純にお金持ちになりたい！」

図1　S&P500の過去40年間の推移

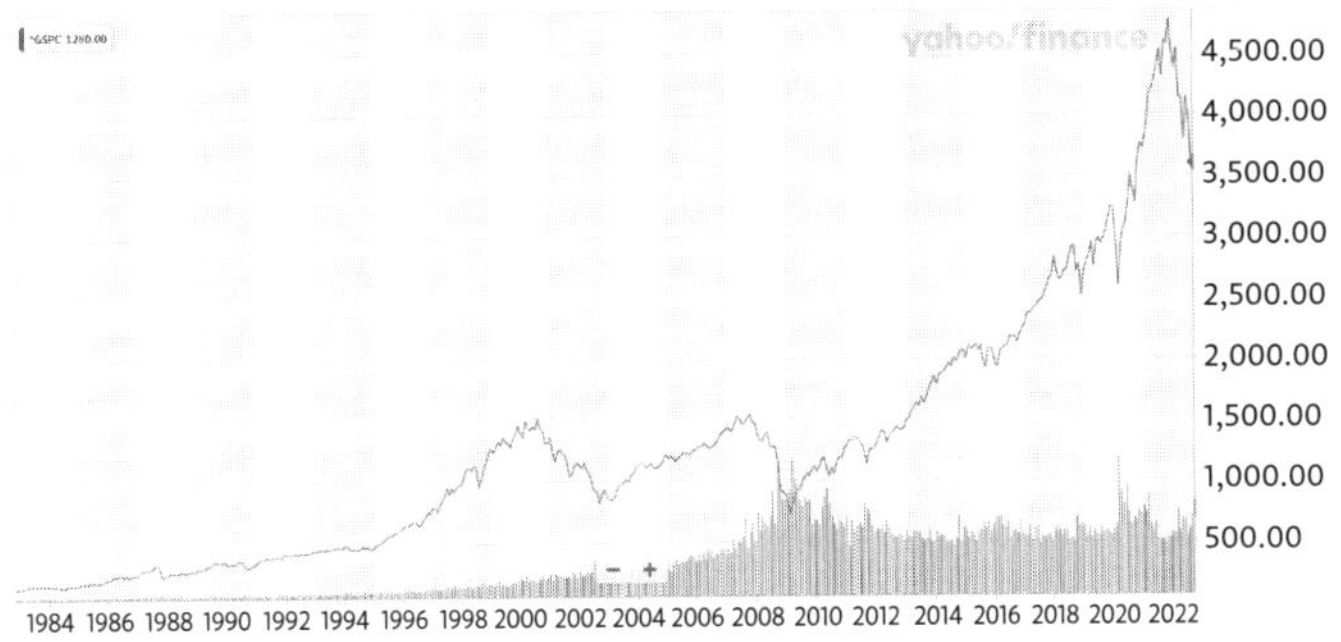

（出典）Yahoo! Finance

「ちょっとした臨時収入を元手にお金を増やしたい！」
「老後の生活に向けて少しずつお金を積み立てたい！」
「子どもの教育資金やマイホーム資金が必要だ！」

など、**人が株式投資や資産形成に興味・関心を持つ背景や目的は、人によって本当にさまざま**です。

また、この**背景や目的によって、どのくらいの金額が、いつの時点で必要なのかが変わってきます**し、**チャンスを追ってアグレッシブに運用する投資なのか、リスクを減らしディフェンシブに運用する投資なのかも変わってきます。**

例えば、あなたが50歳くらいのサラリーマンの方で、既に1000万円程度の貯金があり、毎年100万円ずつくらい積み立てられる程度の収入もあるとします。

定年の15年後に向けて、老後資金としてあと2000万円程度を貯蓄したい、という目標を設定したとしましょう。

この場合、リスクをほとんど取らずに目標を達成可能です。この本のテーマである個別株への集中投資をするまでもありません。

そういう方は、本書の大部分を読み飛ばして、**後半のSTEP3以降の、セーフティー**

▶中長期的な目標設定が大事

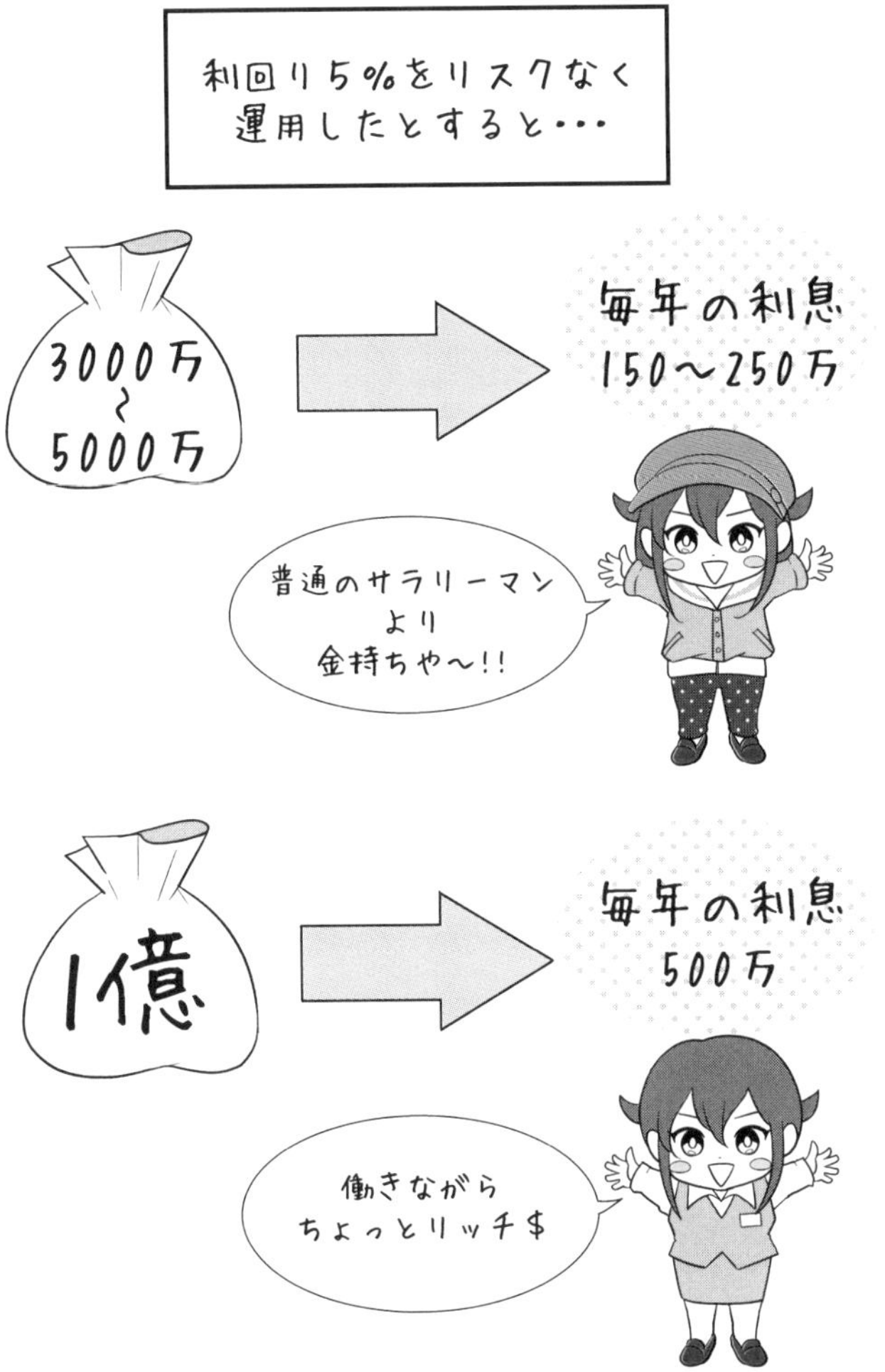

に資産を拡大する方法について学んでいただければ、それでOKです。

逆に、あなたの貯金額がもっと少ない場合や、目標金額がもっと大きい場合、あるいは目標達成までの年数をもっと短くしたい場合、ある程度リスクを取る必要があります。その場合、この本で述べる米国個別株への投資がとても有用な手法となるでしょう。

株式投資や資産運用で最も大切なことは、「何のために資産運用をするのか」、「資産運用をすることの目的、達成したい金額や時期」を明確にすることだとぼくは思います。

▼「投資の落とし穴」をどうやって避けるか

目標設定が大切な理由がもうひとつあります。

それは、中長期的な目標があることで、途中でうまくいっているか／いないかを冷静に分析できるという点です。

株式投資は、自分の元手を1年で何%増やせたか、という勝負です。

後ほど詳しくご説明しますが、株式投資を長く続けるほど、「時間」や「複利」の力を味

▶ 状況や目的に応じて運用方針は変わる

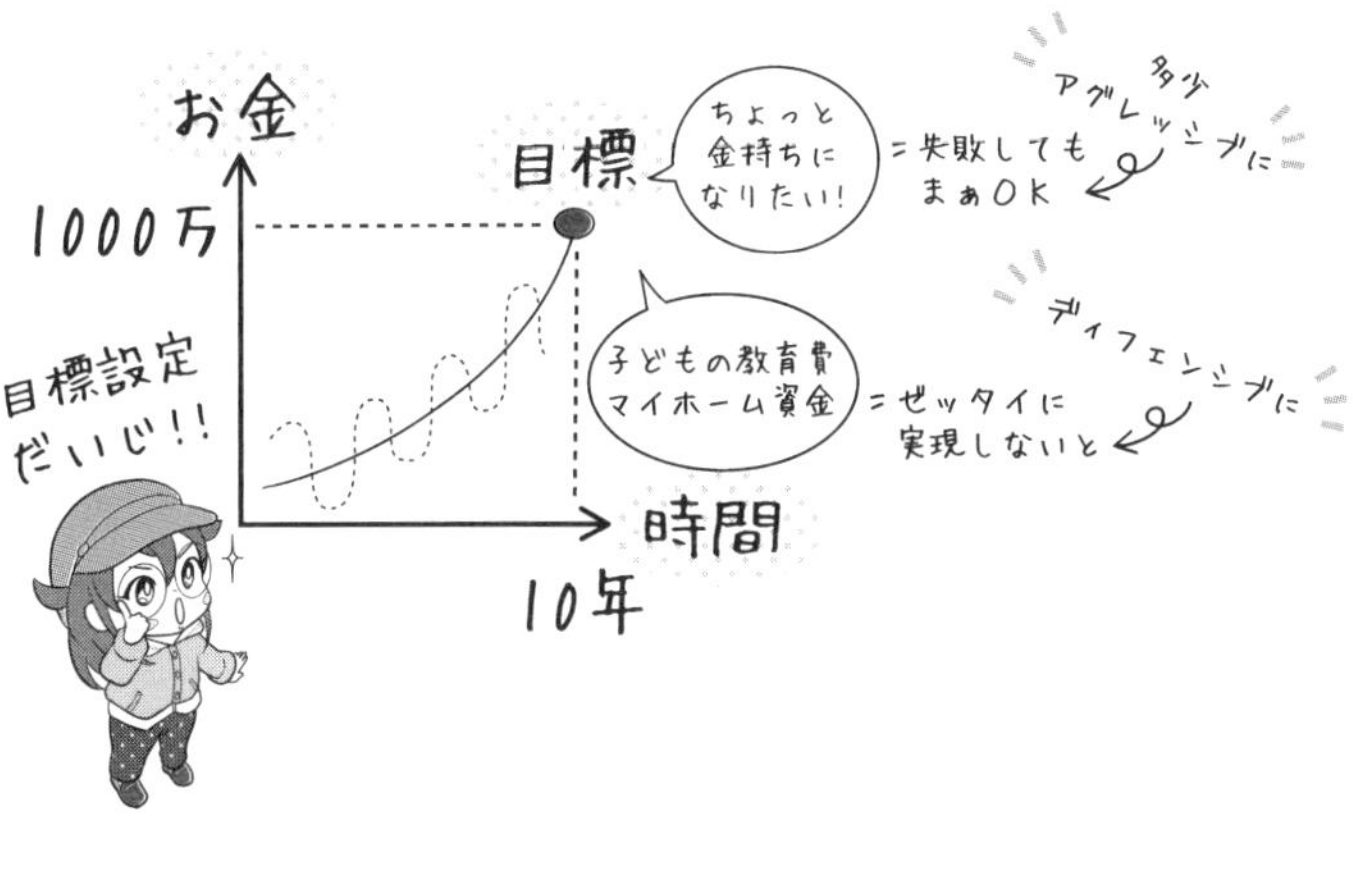

方にできます。

先ほど、毎年5％の利回りは難しくないというお話をしましたが、仮に毎年5％ずつ資産を増やした場合、推移は**図2**のようなグラフになります。

ここで注目してほしいのは、次のことです。

つまり、株式投資とは、多くの人がイメージするような、お金が毎年一定額ずつ直線的に増えるようなものではない、ということです。

むしろ、**元手が少ない最初の頃ほど、1年の儲けが少なく、成果を実感しづらい**のです。逆に**元手が多ければ、同じ1年間でも莫大な利益を出せる**のが株式投資なのです。

投資をはじめた頃は、ノウハウもなく、運用金額も少ないため、期待した成果が出ずに落ち込んでしまいがちです。

そんな時には「落とし穴」が待っています。

「数年かけて資産運用するつもりが、短期的な値動きが気になり、売買を繰り返して損失を出してしまう」

「ちょっとした失敗から投資をやめてしまう」

「儲けが出て衝動買いしてしまって散財した」

図2　投資の初期は成果を実感しづらい

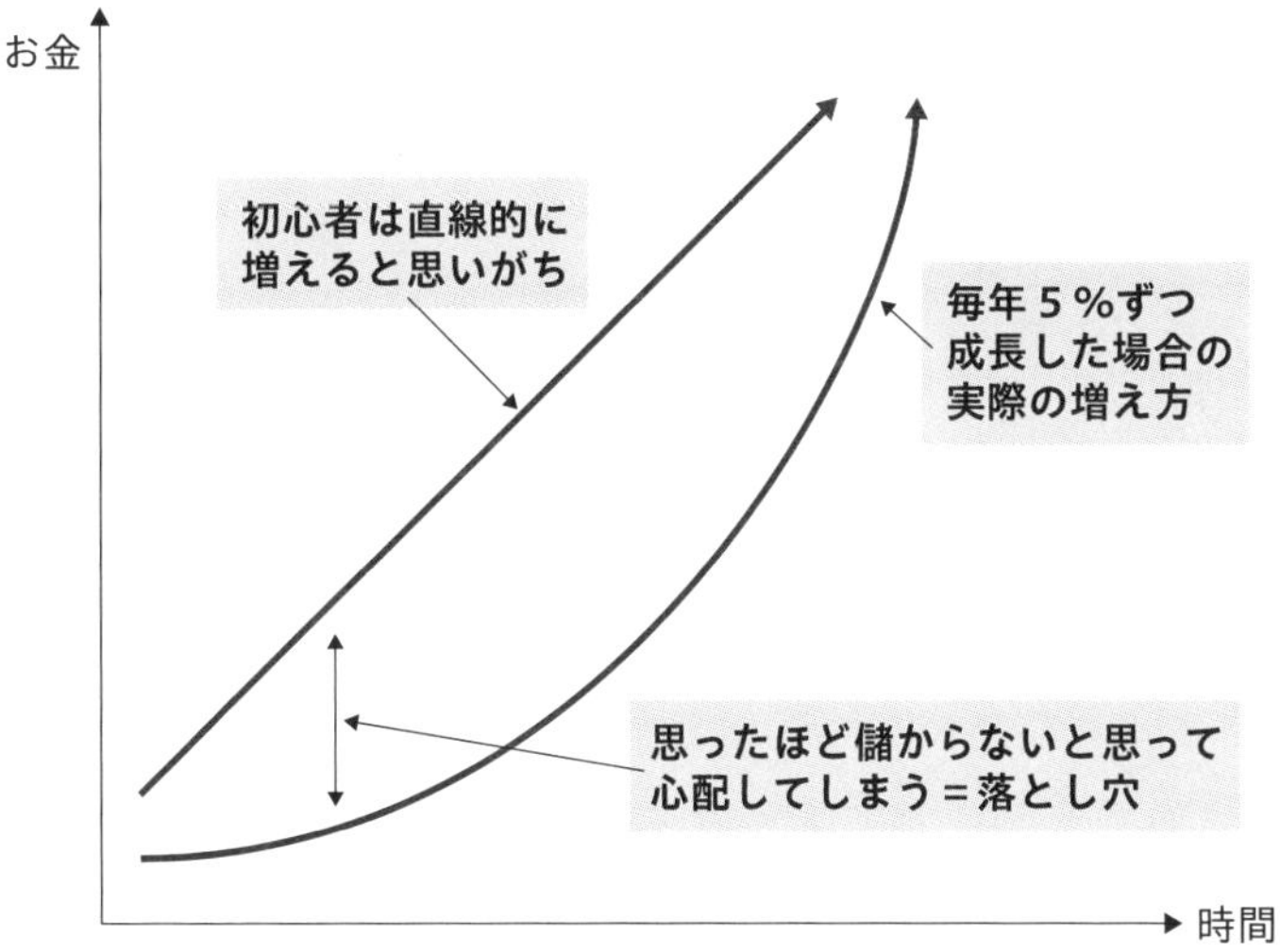
お金
初心者は直線的に
増えると思いがち
毎年5%ずつ
成長した場合の
実際の増え方
思ったほど儲からないと思って
心配してしまう＝落とし穴
時間

といったケースも珍しくありません。

そうなってしまわないためにも、目標が必要なのです。

自分が何のために資産運用しているのか。

それに向けてどれくらいのペースで資産を増やしていくのか。

その道筋を把握しておくことで、自分の行動をコントロールし、望ましくない行動を避けることができます。

▼「4つのステップ」で1億円を達成する

ここからは、ぼくが実際にどういったステップで金融資産を増やしていったかをざっくりお示ししていきます。米国株投資の全体像をつかんでほしいと思います。

まず、現在に至るまでのぼくの資産の推移は**図3**の通りです。

先ほどの例に漏れず、ぼく自身も最初はなかなか成果が出ず、苦戦していました。

ですが、株式投資の経験を積むにつれ、より大きな利益を出せるようになってきました。

この流れですが、大まかに、

図3　株式投資をはじめてからの総資産額の推移

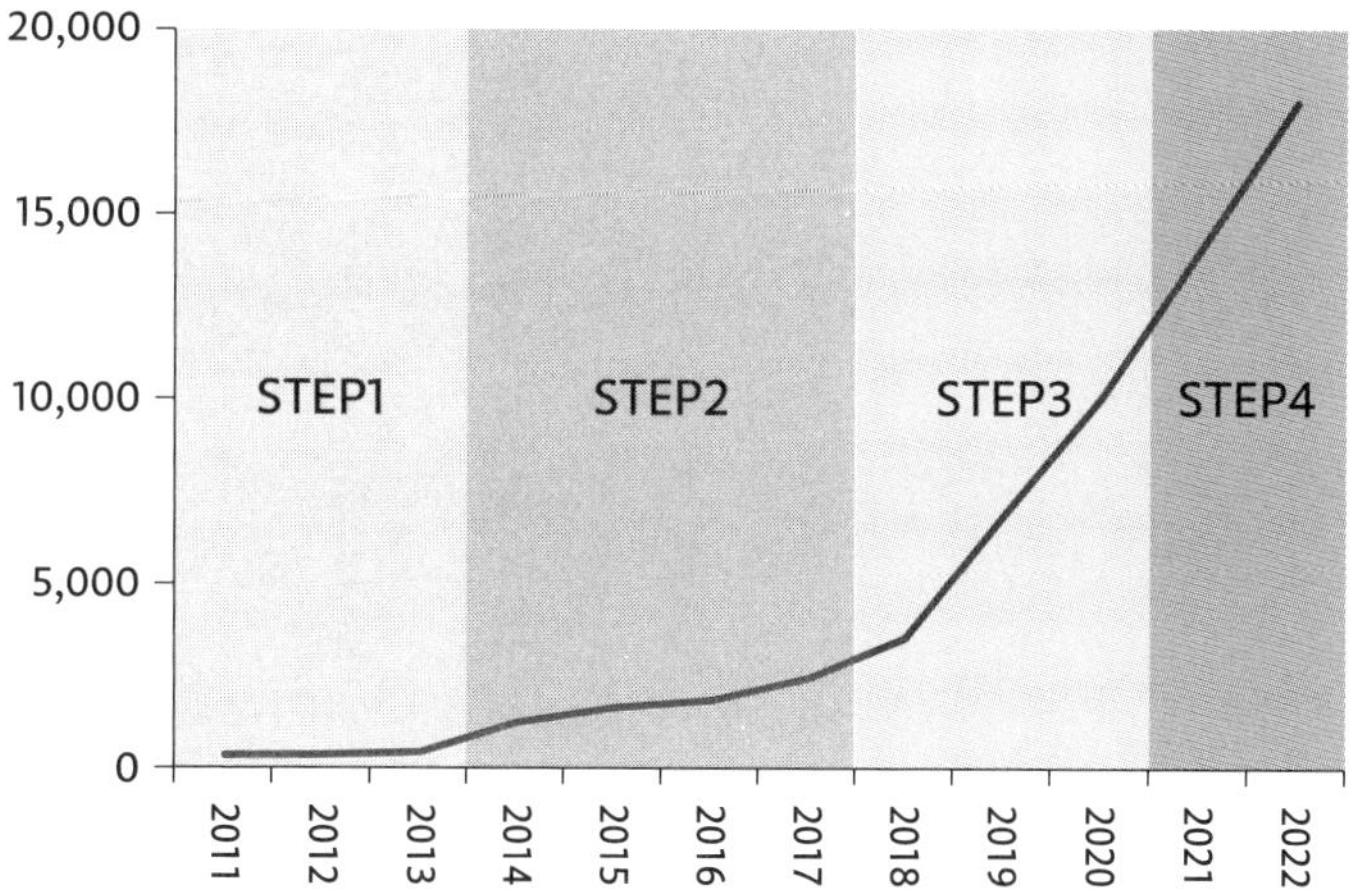

（出典）筆者

・2013年ごろまでの、まったく成果が出なかった「スタート期」(STEP1)
・2013年~2017年ごろの、円安をきっかけに米国個別株への集中投資を開始し、資産の増加をはじめて実感できた期間(STEP2)
・2017年~2020年ごろの、トランプ相場に後押しされ資産が大きく拡大した「成長期間」(STEP3)
・2020年以降、ポストコロナ相場で更に資産が拡大し、1億円を達成した期間(STEP4)

という4つのステップに分けられると考えています。
これらのステップについて、次章以降、順を追って説明していこうと思います。

STEP0　まとめ

- 投資の「目的・目標額・時期」を明確にすること。「お金に支配されない自由」を手に入れるには1億円必要。
- 十分な元手がある場合や、目標額によってはリスクを取らずに達成できることもある。
- しかし、元手がない場合はある程度リスクを取る必要がある。その場合、米国個別株投資が有効。

STEP 1

資産が少ないうちは積極的にリスクを取る

▶ STEP1：資産が少ない「スタート期」のポイント

時期	～ 2013 年
内容	まったく成果が出なかった「スタート期」
資産の規模	300 万円
主な出来事	・とりあえず証券口座を開いてみる ・とりあえず知り合いに勧められた投資信託を買ってみる ・とりあえず日本株を少しずつ買ってみる
主な投資先	・日本株個別株 ・投資信託
ポイント	・投資をはじめたのは大きな第一歩 ・けれども無駄な投資が多くて資産を大きく増やすことはできなかった
近しい境遇のみなさんにオススメをしたいこと	・とにもかくにもオンライン証券口座を開設しよう ・元手が少ないうちは、投資信託はやるだけ時間の無駄 ・将来 2 倍、3 倍になりそうな個別株を買ってみよう ・分散投資せず、1 ～ 3 銘柄程度に絞って集中投資する ・損切りを徹底し、2 倍、3 倍になる株に巡り合うのを待ち続ける

▼なぜ日本人のお金は増えないのか

銀行の口座に時々振り込まれる「普通預金の利息」を見て、あまりの安さに笑ってしまったことはないでしょうか。

銀行の金利が0・1%を割る超低金利の現代日本では、預金をしているだけではお金はほとんど増えません。ですので、「お金は一生懸命働かないと貯まらない」と考える人も多いでしょう。

しかし、それは果たして当たり前なのでしょうか?

米連邦準備制度理事会(FRB)によると、米国の個人の金融資産の合計額は、2021年6月末時点で約113兆ドルにのぼります。この20年間でアメリカ人はなんと約3倍にも資産を増やしています。

一方で、同じ期間における日本人の金融資産額は1・4倍にしかなっていません。

これは、アメリカ人が日本人の倍以上働きものである、ということではありません。

米国と日本の資産額の差がどんどん開いてしまっているのは、金融資産の内訳に理由があります。

日本では資産の半分以上が貯金となっていて、株式や債券といった、運用によってリターンが得られる資産の割合は約15%ほどにとどまります。

図 4　アメリカ人の金融資産は増えているのに日本人の資産は増えていない

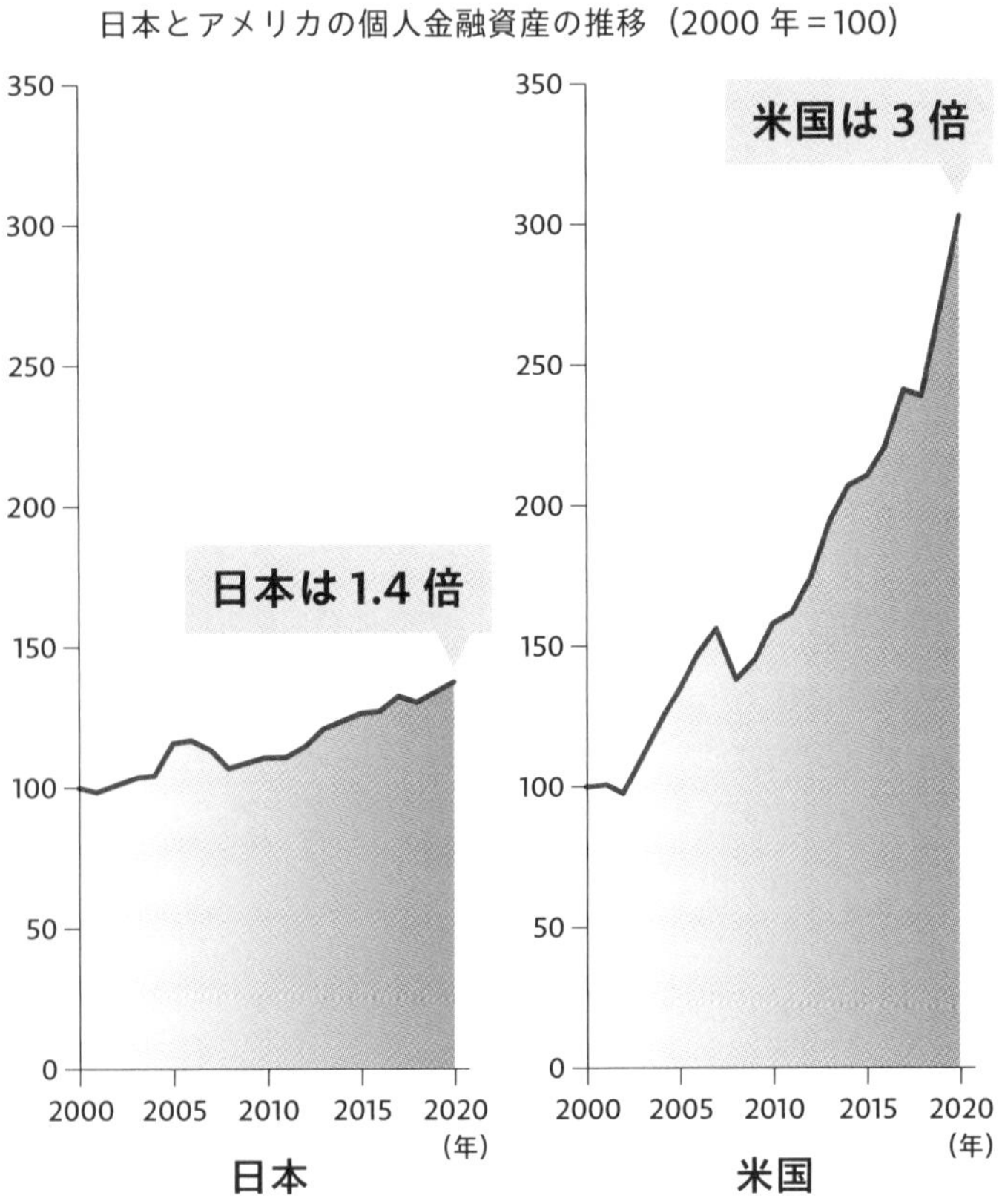

（出典）日本銀行、FRB

図 5　日本人の資産の大半は預貯金

日本とアメリカの個人金融資産の内訳（2019 年）

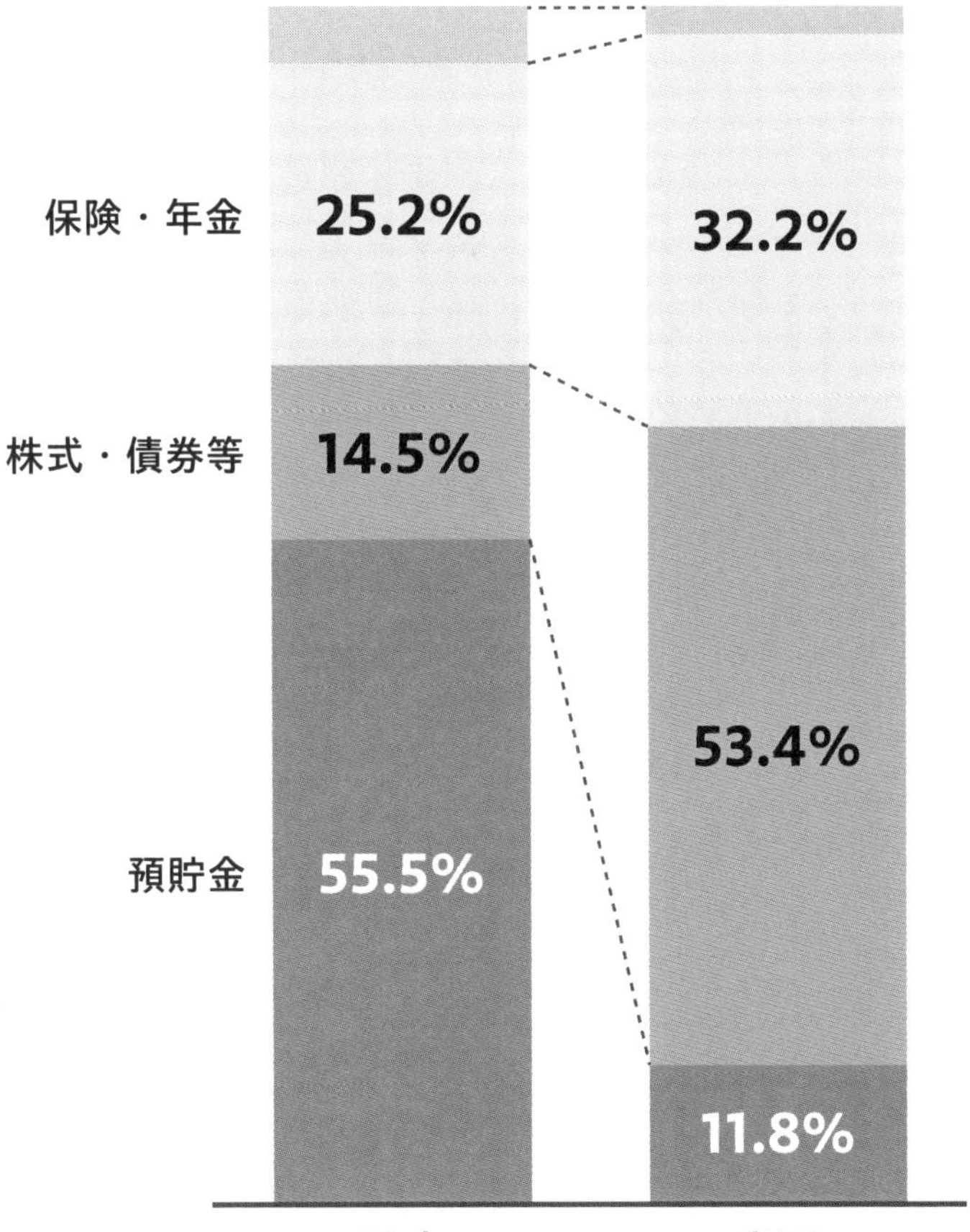

（出典）OECD

図 6　日本では所得がじりじり下がっている

〈米国〉

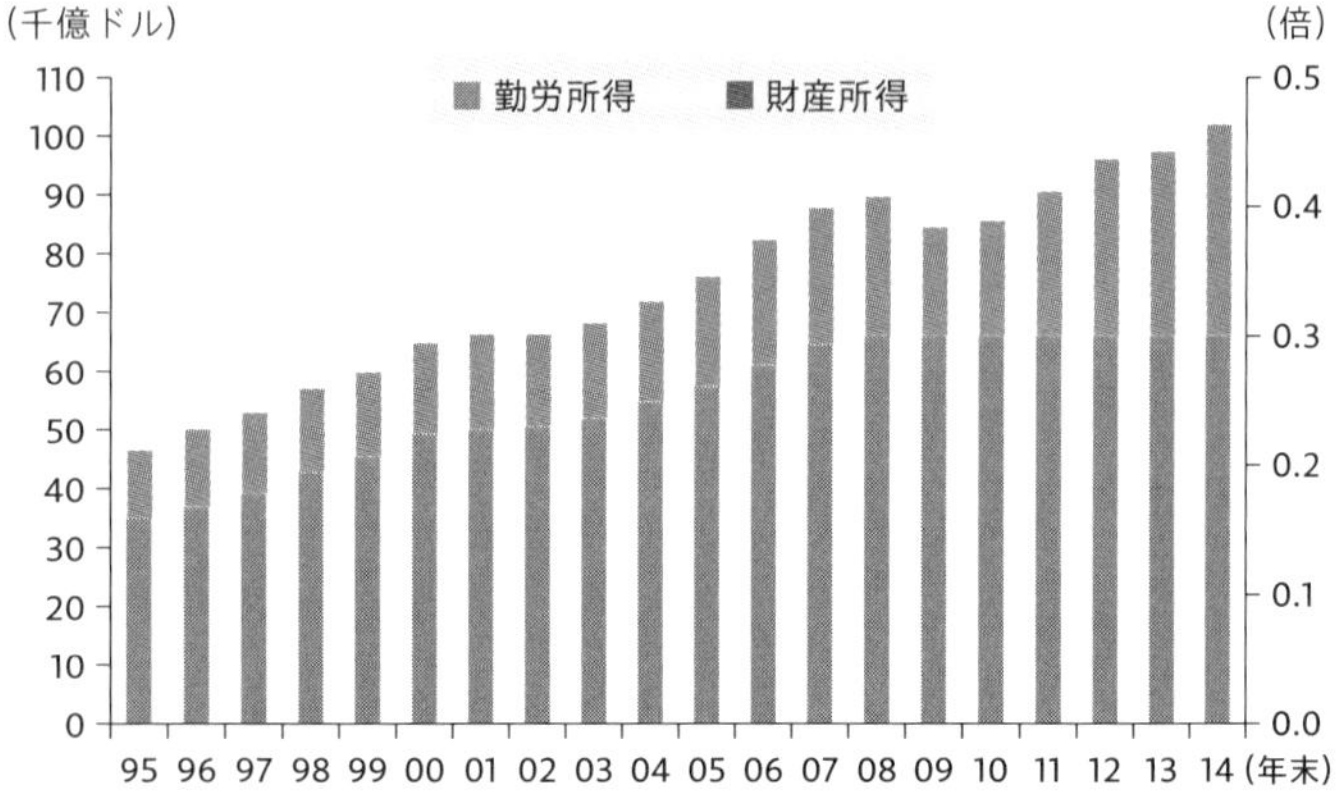

〈日本〉

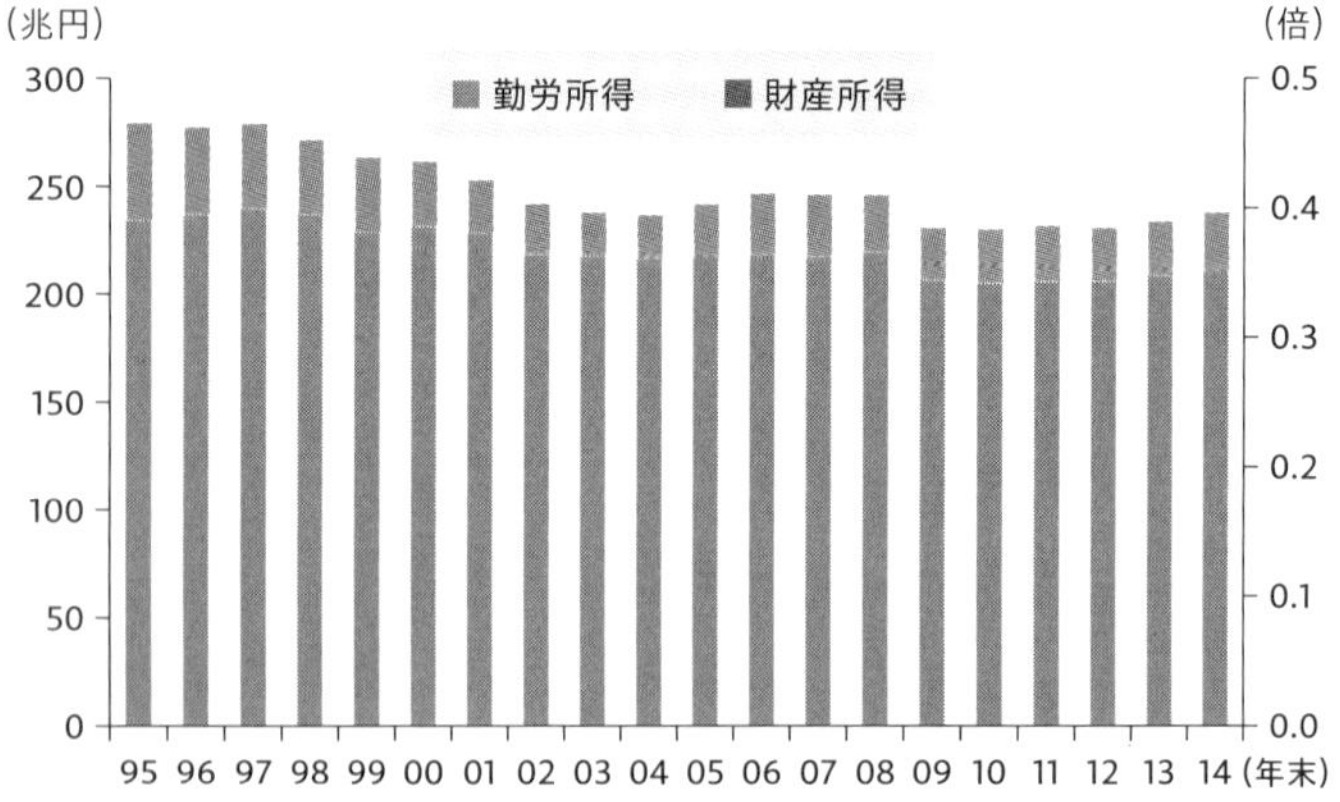

(出典)　金融庁

一方、米国ではこの比率がまったく逆で、半分以上を株式や債券が占めています。働いて稼ぐお金の額も米国ではじりじり上がってはいますが、株式や債券からの収入もどんどん上がっています。

逆に日本では、働いて稼ぐお金もじりじり下がっていますし、資産運用による収入も低調な状況です。

お金は一生懸命働かないと貯まらないものではなく、一生懸命働いて、働いて得たお金をさらに**投資、運用して、資産を2倍、3倍と増やしていくことが、世界的には当たり前**の考え方となっています。

それにチャレンジできている人とできていない人、もっというと、チャレンジできている国とできていない国で、これまで説明したような大きな差が生まれてしまうということなのです。

この当たり前を実現するために、まずやらないといけないこと、それが証券口座を開いて投資をはじめることなのです。

▼最初にして最大の一歩「口座の開設」

株式投資には、まずはじめに証券会社に口座を開設する必要があります。

日本にはさまざまな証券会社があります。リアル店舗を持っている大手の証券会社や、オンラインですべて完結するネット証券など、それぞれ特色があります。

ただ、ぼくのように**小さい元手から個別株投資にチャレンジしたい人はネット証券一択**になると思います（後に述べる通り、ある程度以上の資金がある人は大手の証券会社を選択してもメリットがあるのですが、ここでは割愛します）。

証券会社を選ぶ上で注意すべきポイントに**「手数料」**があります。

株式投資では株式を買う際にも売る際にも手数料を取られてしまいます。

特に米国株投資の場合、円を米ドルに換えてから株の売買を行うことになるので、円とドルを交換する手数料も発生してしまいます。

一般的に、オフライン中心の大手証券会社より、オンラインで完結する**ネット証券の方が手数料は低く設定されていることが多い**です。

まずはネット証券に口座を開設すると良いでしょう。

その他、売買できる**銘柄の数**や、**注文方法**、オンライン売買の際の**ツールの使いやすさ**など、証券会社を選ぶ上で見るべきポイントがあります。

ただ、基本的にはどの証券会社でも主要な個別株銘柄は買い付けできますし、注文方法に大きな差はありません。また、ツールの使いやすさについては人それぞれの感覚によるところが大きいため、一番見るべきポイントは手数料だと思います。

図7に主要なネット証券会社の情報を挙げておきます（情報は執筆時のもの）。

自分で調べてみて、手数料が安く、自分にあったネット証券を見つけるとよいでしょう。

ぼくは手持ち資金300万円で株式投資をはじめましたが、最初の1～2年は成果がまったく出ませんでした。

何の株を買えばいいかよく分かりませんし、投資についての考え方も身についていません。

これまでに述べてきた考え方は、あくまで本を書く段になって整理したもので、当時は今ほどよく整理できていませんでした。

とりあえず株式投資に詳しそうな知人に相談しながら、恐る恐る買ってみて、うっかり高値つかみしてしまったり、持っておけば値上がりしたのにすぐ利確したり、そんなありさまで、あまりまともな方針を持たずに売買を繰り返していた感じでした。

「スタート期」はこのように、振り返っても反省点ばかりでしたが、それでも、**証券口座を開いて投資をはじめられたことは、資産形成の大きな第1歩だった**と考えています。

図 7　おもなネット証券の手数料

証券会社	SBI証券	楽天証券	au カブコム	マネックス 証券	GMO クリック
1約定制 10万	99円	99円	99円	99円	90円
1約定制 50万	275円	275円	275円	275円	260円
1約定制 100万	535円	535円	535円	535円	460円
1日定額制 10万	0円	0円	0円	550円	**0円**
1日定額制 50万	0円	0円	0円	550円	**0円**
1日定額制 100万	0円	0円	0円	550円	**0円**
その他	25歳以下 0円	-	25歳以下 0円	-	-

（出典）各社 HP など

▼なぜ投資信託を買ってはいけないのか

投資のスタート期にまずぼくが買ったのは**友人から勧められた投資信託商品**でした。これにぼくは100万円を投入しますが、結論から言うと**これは完全に無駄**でした。

投資信託とは、自分のお金を投資の専門家であるファンドマネージャーに預けて、運用してもらう金融商品です。

投資信託では、自分で売買銘柄を考えたり、パソコンやスマホに張り付いて株の値動きを追ったりする必要がありません。お金だけ出してプロにお任せして、その利益だけを得ることができます。

投資信託の中には、数%ほどの利回りを、比較的安全に出してくれるものもあります。景気の状況や特定の指数に連動するなど、リスクを減らすように設計されているため、**初心者でも超簡単に利益を得られる投資手法**とは言えます。

先ほど紹介したS&P500など米国株全体の指数に連動する投資信託やETF（投資信託のうち、証券取引所に上場していて、株式銘柄と同じように買いたい数や値段を指定して購入できるもの）もたくさんあります。

世に出回っている投資本でも「投資信託やETFを何も考えずに買うことがお金持ちへの近道である」という論調も多く見られると思います。

ですが、ぼくの考えは異なります。はっきりいって**100万円そこらのお金で投資信託を回しても何の意味もない**と考えています。

理由はすごく簡単です。

もし、ある投資信託を買ったとして、それが仮に**年利8%の運用成績をあげたとしても、元手100万円からスタートしていると、1億円を達成するには60年もの歳月が必要です。**

もちろん、元本が減ったわけではないので、投資信託を買って損をするわけではありません。しかし、1億円を手に入れてFIREを達成しよう、という目的から考えると、あり得ない選択肢です。

仮に25歳で投資を始めたとして、100万円を投資信託で運用しても、1億円になるのは60年後、85歳になってしまいます。

85歳で「FIREじゃあ〜!」とガッツポーズで叫ぶおじいちゃんは、ぼくが憧れた経済的自由のイメージとは大きく異なるものでした。

年間利回りがもっと高い投資信託もありますし、投資信託の値上がりも期待できます。実際、ぼくが買った投資信託も購入時以上の価格に上がりました。

しかし、元手が100万円くらいでは、**手数料、税金を差し引くと年10万円程度の利益が精一杯**というところです。基本的に**人任せの運用なので自分にはノウハウが蓄積されない**というデメリットもあります。

図 8 投資信託のしくみ

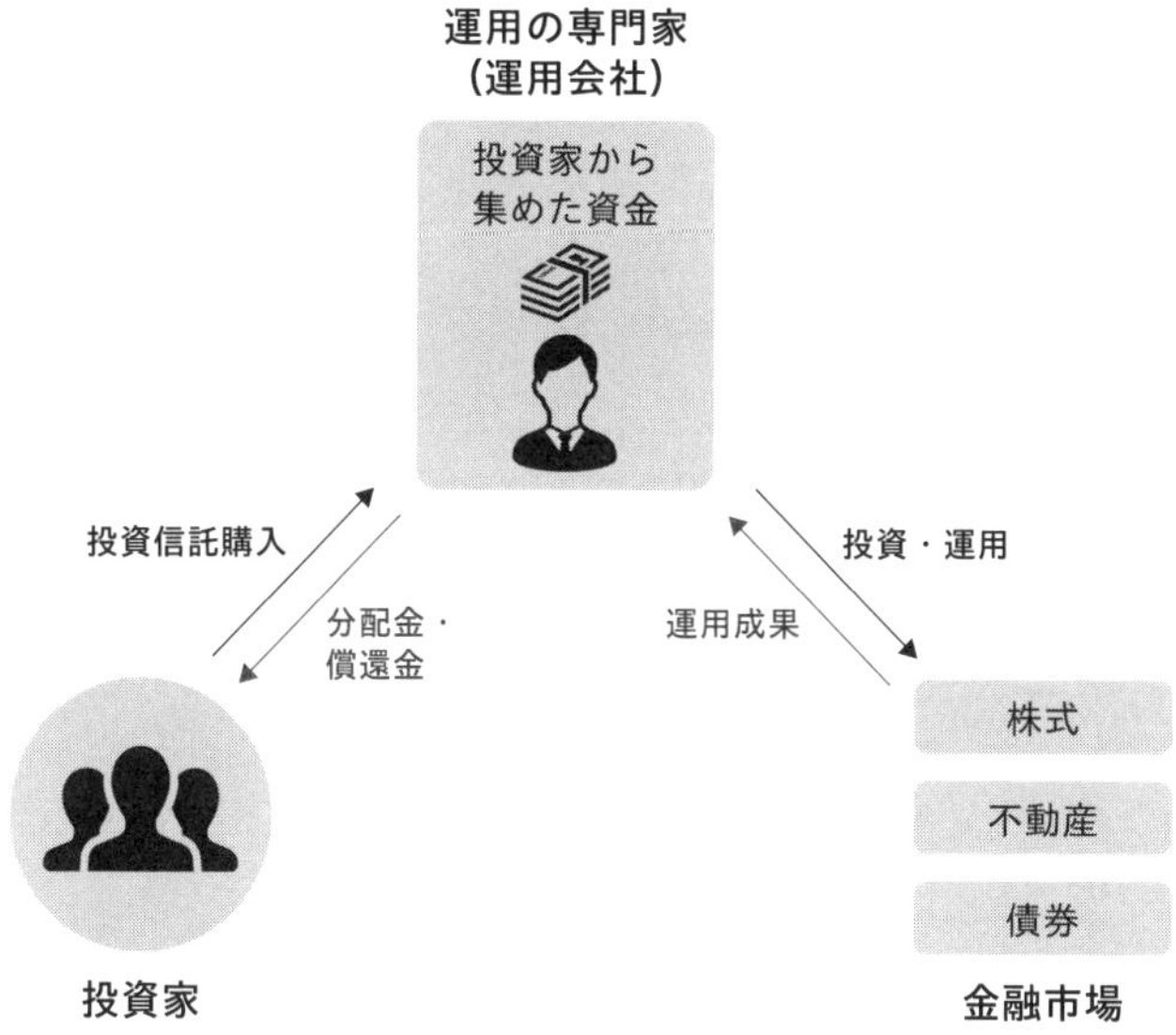
運用の専門家
(運用会社)
投資家から
集めた資金
投資信託購入
分配金・
償還金
投資・運用
運用成果
投資家
株式
不動産
債券
金融市場

1年程投資信託を運用してみて**「この程度の金額、スピード感では割に合わないし、何の成長にもつながらない」**というのが正直な感想でした。

ただ、これは、必ずしも投資信託がダメ、という意味ではありません。

さっきと同じ利回りで計算すると、元手が1000万円であれば30年で、5000万円なら10年で、資産1億円の達成が可能です。

要するに、**投資信託とは元手をある程度貯めている投資家が、じっくり時間をかけてローリスクに資産を増やすための商品**であって、当時のぼくのように、若いうちに一定以上のお金を得たい人には向いていない商品なのです。

ぼくはキリが良いところで投資信託を解約し、全ての資金を日本や米国の個別株に振り分けました。なので、それ以降の数年間、運用額が数千万円規模になるまでの間、投資信託は一切やりませんでした。

▼「誰もが知っている株」が2倍、3倍に値上がりする

十分な資金がない状態から一定規模の資産を築くためには、当たり前のことですが、**2倍、3倍と大きな値上がりをする個別株で勝負して、その勝負に勝つ必要があります。**

個別株投資というのは、投資信託のようにプロの運用にお任せをするのではなく、1つ

▶投資信託だけでは時間がかかってしまう

1つの銘柄を自ら調べて、個別に売り買いする投資になります。

複数銘柄がパッケージ化されている投資信託と比べると、個別株投資は当たり外れがあり、リスクが高い投資だと言えます。

ただ、その分**リターンも大きいため、手持ち資金が少なく、仮に多少失敗してもやり直しのきく若い世代には、お勧めしたい手法**だと考えています。

ぼくの場合、特にグーグル（アルファベット）株を買ったことが飛躍のきっかけとなりました。

後に説明しますが2013年以降、ぼくは米ドルで資産を持つようになります。お金を遊ばせておいても意味がないと思って投資したのがグーグル株で、**はじめて買った米国個別株**でした。

チョコの米国株投資のパフォーマンス①

アルファベット（Google）

ティッカーシンボル：GOOG、GOOGL

株価：400ドル → 2800ドル（2013年→2021年）　※分割前価格

パフォーマンス：8年で7倍

▼はじめて買った米国株。1〜2年で倍以上に。サラリーマン時代からその競争力を知っていたことが

図9　グーグルの株価の推移

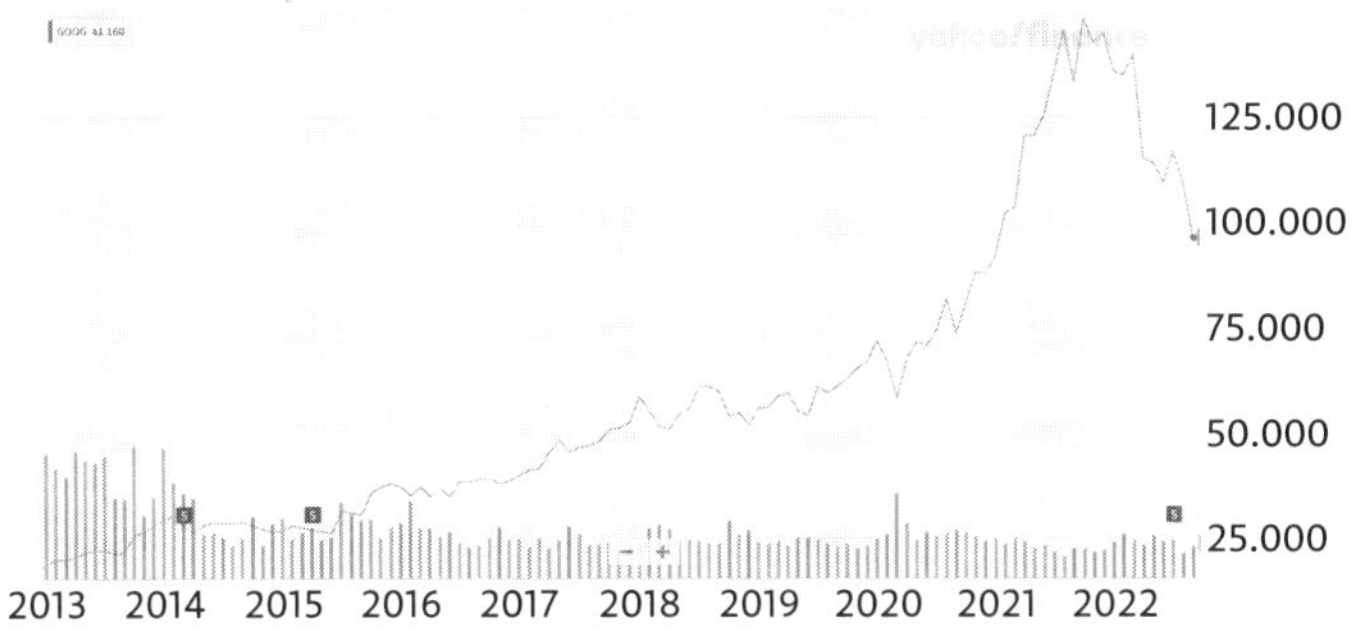

（出典）Yahoo! Finance

購入の決め手になった。

アルファベット（Google）社は誰もが知る、ITサービスの複合企業です。世界最強の検索エンジンのほか、動画プラットフォーム「Youtube」を運営し、広告で収益をあげています。

ほかにも「Googleマップ」や「Gメール」、「Chrome」といったアプリケーション開発や、スマートフォン向け「Android OS」の提供、自動運転や人工知能といった新しい取り組みに挑戦し、成功し続けています。

そうした新しいサービス開発を支えるハイスペックな人材集団が、彼らの圧倒的な競争優位性の源泉となっています。

グーグルに投資をした理由は、ぼくのサラリーマン時代の取引先だったことにあります。当時、彼らの競争力は圧倒的でした。

おそらく、同業の日本企業が全て束になっても彼らに勝つのは難しいと思いました。

2013年当時、グーグルの広告事業は増収増益を続けており、1兆円以上もの資金を投じて企業を買収するなど、絶好調でした。

技術がもっと発展していくなら、彼らの成長が止まることはあり得ない。そういう確信からぼくはGoogle株を数百万円分購入します。

それが、その後の円安進行の影響もあって**1～2年で倍以上の金額**になってくれました。

それ以降、何度も利益を確定したり、再度エントリーし直したりしていますが、ずっと一定量を持ち続けています。

2021年の段階では大部分を利確していますが、**株価だけで7倍以上、為替を考慮すると10倍以上というハイパフォーマンス**となっています。


1～2年といった短い期間で価値が2倍、3倍と増えていく個別株は、グーグル以外にもたくさんあります。

後に述べるポイントを意識して買っていけば、**みなさんもきっと、こういった株に巡り合えるだろう**とぼくは考えています。

マイナー銘柄ならともかく、グーグルは世界で最もメジャーな企業の1つです。

しかも、グーグルがすごい企業だということは、みなさんもきっと、何年も何年も前から、ご存じだったはずです。

そんな分かりやすい銘柄を買うだけで、資産が何倍にもなるのです！

これこそ、米国個別株投資というものです。

将来的に価値が2倍、3倍にもなる個別株を狙うというと、すごく難しそうに思いますが、実は簡単なことなのです。

これからも成長しそうな企業の株を買いさえすれば、その価値が何倍にもなる可能性があるのです。

ぼくのように、元手資金が300万円程度と少額であっても、2倍、3倍になる個別株を当てられれば、600万、900万、と資産は劇的に伸びていきます。

2022年時点では、米国の金融政策などもあって成績が振るいませんが、グーグル株はぼく自身の思い入れも強く、現在も保有し続けている株の一つです。今後彼らの中長期的な成長が止まることはあり得ない、と思うからです。

元手資金が少ない段階こそ、こうした個別株投資が超重要なのです。

▼初心者は分散投資をするな！

株式投資の世界の格言に**「卵を1つのかごに盛るな」**というものがあります。

卵を1つのかごで運ぶと、全部割れてしまうリスクがあるので、複数のかごに分けるほうが安全です。

株式投資でも、**1銘柄に全財産を投入するより、性質や値動きの異なる複数の銘柄に分散して投資した方がリスクセーフに運用できます。**

ぼく自身も当初、元手資金を10万円～30万円程度に分けて、複数銘柄へ分散投資していました。

ある程度の資産規模になれば、この理論にも正しい側面があるのですが、**元手もノウハウも少ない初期には、分散投資はむしろ悪影響**ということが、しばらく投資してみると分かりました。

理由は幾つかありますが、まず**第1に、株価や値動きをチェックする労力が増える**ことが挙げられます。

個別株投資で利益を出すためには、「これは！」と思うような、値上がりが期待できる株を見つけ、できるだけ安いタイミングで買い、最適なタイミングで売る必要があります。

そのため、投資銘柄を選ぶ準備や、投資した後も日常的に株価のチェックや、値動きの

▶ 分散投資すると注意力も分散されてしまう…

投資先がいっぱいあると…
10万
5万
15万
5万
10万
見忘れて失敗しちゃう…

原因を調べるといった、一定の手間が必要です。

もし10銘柄に分散投資すると、その手間も10倍となり、注意力も分散されてしまいます。

フルタイムでチャートに張り付ける専業投資家の方なら、手間をかけることも可能かもしれませんが、ぼくの場合はサラリーマン兼業でした。手間をかける余裕がありません。

また、注意力が分散してしまうと、値動きに反応できず、損をしてしまうリスクが高くなる、と思いました。

そのため、**ぼくは分散投資をやめ、1銘柄に資金を集中する、集中投資をすることにしたのです。**

▼「集中投資」のほうが損切りしやすい

初心者に集中投資をオススメする理由がもう1つあります。

1銘柄に投下する金額が大きくなることで、利益も大きくなりますが、損失も大きくなります。一見すると悪いことのようにも見えますが、ここに初心者向けのメリットが隠れています。

集中投資の場合、損失が大きくなりがちなので、**すぐ損切りしようと思いやすい**というのがその理由です。

▸集中投資のほうが損切り判断しやすい

実際に株を買ってみると分かりますが、同じ１００万円を投資する場合でも、10銘柄に10万円ずつ投資して、その中の１銘柄の株価が10％下がったとしても、たかが１万円ほどの損失に過ぎません。

その場合、「これくらいのマイナスならすぐに取り戻せるだろう」と、甘い判断をしてしまいがちです。その結果、**損切りをせず、放置して、気が付いた時には大きなマイナス**になりかねません。

しかし、集中投資の場合、同じ10％下落した時の損失は、10万円と、分散投資時の10倍です。

この場合、**「10万のマイナスはヤバい」**と、損切りの判断をしやすくなります。

株式投資は、勝つべき取引で大きく勝ち、**多少の負けをズルズルと引っ張らない**のがものすごく重要です。

株価が大きく下がった時、初心者は「またいつか値上がりする」と思ってその株を持ち続けてしまいがちです。

あるいは、２倍、３倍の値上がりを見込んで買ったはずなのに、「この株は配当がおいしい」などと、目的とは違う理由で保有し続けるのが「世の常」です。

ただ、そうすると、**資金が負けトレードに拘束されてしまい、塩漬けになって、もっと勝てたはずの他の銘柄に投資できなくなります。**そうなると、損失を取り戻すチャンスさえ逃してしまうため、とても良くない行動だと思います。

あらかじめ、10～20％など、一定のラインで損切りするというルールを決め、その通りに実行するのがとても重要です。

分散投資すると、損切り判断に迷いが生じやすいので、**集中投資して損失の絶対額を上げることで、ルール通りに損切りを実行しやすくなる**とぼくは考えています。

▼「5回に1回ヒット」で十分

株式投資は一連の取引で利益を出すことが重要です。なので、多少の負けは引っ張らず、**勝つべき取引で大きく勝つこと**が必要です。

期待通りに値上りする株はすぐに利益を確定させず、株価が下降トレンドに入るまで手放さないようにしましょう。

少ない銘柄に絞って、一定のルールで損切りを徹底していれば、必ずどこかで期待通りに2倍、3倍に値上がりする株のチャンスがやってきます。

2倍株を狙うとき**損切りラインを15％に設定していれば、狙った通りに値上がりする確率は、2割で十分です。**これはあくまで、手数料等を度外視した単純計算に過ぎませんが、5回投資したうち1回でも、価格が2倍になれば、元は十分取れます。

金融庁によると、日本国内の投資信託の平均利回りは5％前後、手数料が0・5％〜1％程度なので、実際の利益は4％ほどです。

下手な投資信託を買うより、個別株に投資するほうが良い運用成績を残せるのです。

自分で個別株に投資し、こういう判断を繰り返していくことで、銘柄選定や、売買のタイミングについてのノウハウがどんどん貯まっていきます。

ノウハウが貯まれば貯まるほど、成長株に巡り合う可能性も高くなります。

こうしたノウハウの蓄積は、投資信託では不可能です。

初心者こそ個別株にチャレンジすべき、とぼくが考えるのは、まさにそのためなのです。

▼「経済最強の米国株」ならまず負けない

ぼくが初期に投資した銘柄は、日本株が中心で、あまりいい成績を残せませんでした。

その後、米国個別株への集中投資にチャレンジしたことで、ぼくの金融資産は**約3年で3000万円を超えました。**

それ以降も、ぼくの株式のポートフォリオは、ほとんどが米国株になっています。それくらいぼくは米国株を信奉しています。

当時、米国株投資は今ほど一般的ではありませんでした。ただ、実際に投資をしてみる

図 10　損切りラインを 15% に設定していれば、勝つのは 5 回に 1 回で OK

損切りラインを 15% にしていれば、
仮に 5 戦して 4 回も負けたとしても、
傷が深くならないし、その先に大きく 1 勝できれば、
投資信託を買うよりも運用効率はよくなる！

300 万円の元手で 4 回負け、5 回目で勝った場合

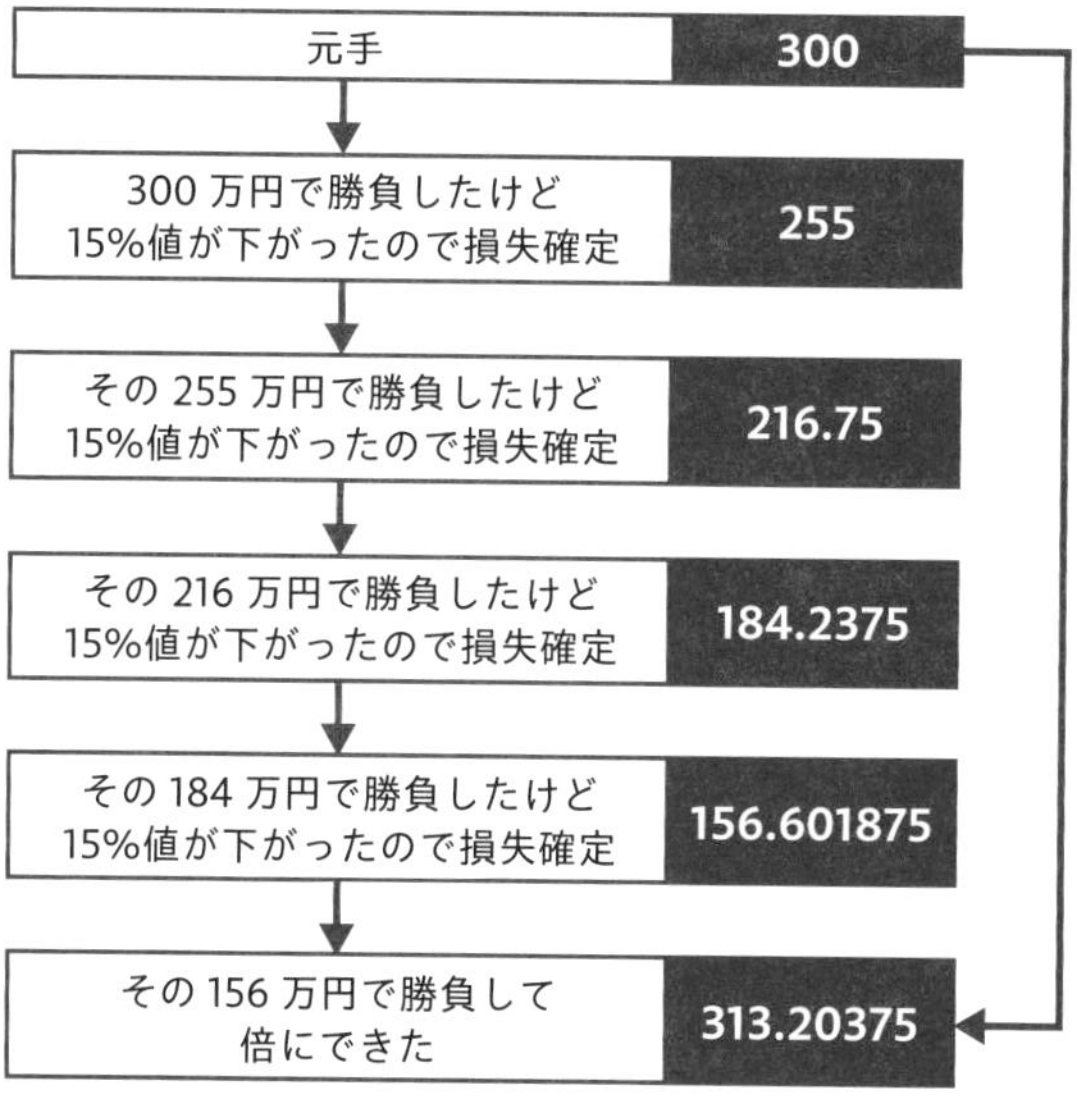
元手
300
300 万円で勝負したけど
15%値が下がったので損失確定
255
その 255 万円で勝負したけど
15%値が下がったので損失確定
216.75
その 216 万円で勝負したけど
15%値が下がったので損失確定
184.2375
その 184 万円で勝負したけど
15%値が下がったので損失確定
156.601875
その 156 万円で勝負して
倍にできた
313.20375

元手 300 万円で 13 万円勝てたので、
利回り 4.4% 以上 !!
なにより、勝負をした経験や株式についてのノウハウが
利回り以上の財産に !!

と、日本株より米国株の方が圧倒的に魅力的で、かつ、初心者向けだと感じました。

当時と違い、近年は米国株投資の情報も充実し、初心者でも始めやすくなっています。

そのため、みなさまには**まず米国株からチャレンジすることを強くオススメしたい**と思っています。

なぜかと言えば、**米国経済は圧倒的に強いため、持ち続けていれば、中長期ではまず負けない**と考えられるからです。

日本株の指標としてTOPIXがあります。東証1部に上場する企業2000社以上の時価総額の合計を評価し、1968年1月の値を100として指数化したものです。**S&P500とTOPIXの過去の推移を比較すると一目瞭然、圧倒的にS&P500の方が成長しています（図11）。**

また、米国株の強さは暴落からの復調力にも見て取れます。

日本株がバブル期の高値を超えられない一方、米国はITバブル崩壊、リーマンショック、コロナショックと何度も暴落を乗り越えながら最高値を更新し続けています。

つまりこれは、**中長期的に見れば、米国株の方が株価が上がる可能性が圧倒的に高い**ことを意味しています。

国の経済力は、人口、生産性、資本の3つで見ることができます。

米国の人口増加率は年0・5～0・6％程度と高く、人口が減少に転じている日本はも

図 11　TOPIX より S&P500 のほうが圧倒的に成長している

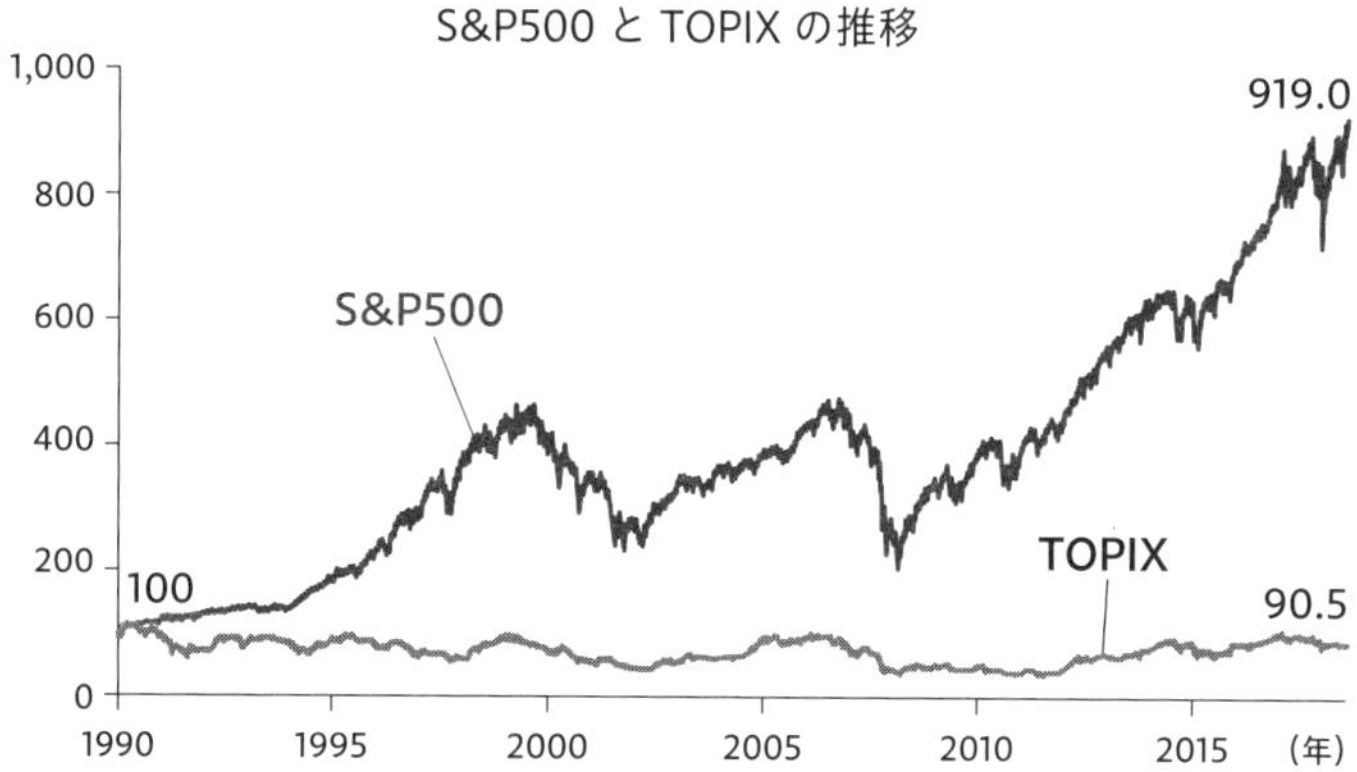

（注）1999 年末＝100 として数値化
（出典）Bloomberg

とより、ヨーロッパや中国をも上回っています。労働力の面で他の主要国より優位に立っていると言えます。

また、世界でも優秀な大学を多数抱えるほか、シリコンバレーに集中するＩＴ・サービス企業が、米国経済の生産性を牽引しています。

最後に資本の部分は言わずもがなで米国が圧倒的に有利です。米国の国内総生産（ＧＤＰ）は日本の約4倍ですし、ＴＯＰＩＸを構成している日本全国に存在する上場企業の時価総額合計は現在７３０兆円程度ですが、Ｓ＆Ｐ５００を構成する上位3銘柄（アップル、マイクロソフト、アマゾン）の時価総額合計だけで、その金額があっさり抜かれてしまいます。今や、世界の時価総額ＴＯＰ10の企業はほとんど米国企業です。

時価総額が大きいということは、米国企業が世界中から調達できる資金量が大きいということです。その分、企業買収や新規事業への投資、人材開発等にお金をかけることができ、より成長しやすいということに他なりません。

つまり、**ヒト・モノ・カネが集まり続けている米国は、今後もますます成長していく可能性が高い**のです。

図12　時価総額TOP10のほとんどが米国企業

世界時価総額ランキング（2022年1月時点）

順位	企業名	時価総額（億ドル）	業種	国名
1	Apple	28, 281. 9	IT・通信	米国
2	Microsoft	23, 584. 4	IT・通信	米国
3	Saudi Aramco	18, 868. 9	エネルギー	サウジ
4	Alphabet	18, 214. 5	IT・通信	米国
5	Amazon.com	16, 352. 9	サービス	米国
6	Tesla	10, 310. 6	一般消費財	米国
7	Meta Platforms	9, 266. 8	IT・通信	米国
8	Berkshire Hathaway	7, 146. 8	金融	米国
9	NVIDIA	6, 817. 1	IT・通信	米国
10	TSMC	5, 945. 8	IT・通信	台湾

▼米国株は意外と買いやすい

日本株の場合、単元株制度があり、100株などまとまった数の株取引しかできません。**一方、米国株なら1株から売買可能**です。

日本株の場合、10000円の株を買おうとしても、1単元が100株であれば、最低でも100万円必要となります。運用資金の少ない個人投資家にとって、かなりハードルが高くなってしまいます。

一方、米国株にはそういったハードルはありませんので、株価が100ドルの企業の株は1株100ドルから購入が可能です。これは単純に**初心者が売買に参加するためのハードルの低さ**を意味します。

これは、買う場合だけでなく、売却する際にもメリットとなります。

例えば、日本株で10000円の株を100株100万円分買った後、11000円に値上がりしたとします。

この場合、すべて売ってしまうか、100株を持ち続けるか、どちらかしかできません。

一方、米国株で100ドルの株を100株、10000ドル分買って、その株価が110ドルに値上がりしたとします。この場合、100株すべてを売る、100株を持ち続ける、という選択肢以外に、まず50株だけ売って利益を確定し、残り50株は値上がりを待つこともできます。つまり、**単元株制度にとらわれない意志決定**ができるのです。

▼米国株は配当金も多め

米国では日本に比べて利益を株主に還元する姿勢が顕著です。

配当とは、企業が株主に対して企業の利益を分配することです。基本的には権利落ちが確定した時点で、株を持っている株主に対して、保有株数に比例した配当金が分配されます。

また、特別大きな利益があった年度や、その会社の記念の年度に、特別配当、記念配当が通常配当に上乗せして支払われるケースもあります。

配当の回数についても日本株と米国株とでは差があります。日本では年1～2回の配当が一般的ですが、米国では四半期ごとに配当を出す企業がほとんどです。また、業績が良い企業の場合、増配することも珍しくありません。

年間5％前後の配当を出す銘柄も少なくありません。日本でもよく知られている有名企業もその一例です**（図13）**。

30年以上増配を続けている連続増配銘柄もたくさんあります**（図14）**。

有名な例では、スリーエム（63年以上）、コカ・コーラ（59年）、ウォルマート（48年）、

企業
今期は儲かりました！
投資家のみなさんに
還元します！
配当金
わーい！
やったね♪
投資家

マクドナルド（46年）、エクソン・モービル（38年）、などがそうです。

一方、日本株で30年以上連続増配を続けている銘柄は花王くらいしかありません。

こうした株への個別投資は、**投資した瞬間に、一定額の配当収入が確定します。**そのため、投資信託と同じように、一定の規模の資産を持っている投資家にとっては、非常に良い投資先だと考えられます。

実際、ぼくも現在はシェルなどの高配当株を持っていますし、周りには配当収入だけで生活する人もたくさんいます。

またこうした高配当銘柄は、投資先としての安定性から**景気が悪化する局面では人気が出やすい**という点もあります。配当だけでなく、株価の値上がりも見込めますので、大きな利益をもたらす可能性もあります。

日本では、配当金の代わりに、自社商品や、商品と交換できるチケットを配ったりする「株主優待」の制度を採用する企業が多いですが、**海外の投資家や、ファンドなどの機関投資家にとって、株主優待は意味がありません。「株主優待」の制度は、ぼくが思うに日本株に資金が集まらず、株価や時価総額が上がらない原因**の1つです。

もちろんすべての米国株が高配当なわけではありません。利益を配当より投資に回して成長を目指す企業もたくさんあります。グーグルやフェイスブック、アマゾンといった高成長企業はその代表格です。

図 13　米国には高配当株が多い

順位	銘柄名	ティッカー	配当利回り	最低購入金額（円）
1	AT&T	T	7.02%	3,259
2	アルトリア・グループ	MO	6.68%	5,629
3	エクソン・モービル	XOM	6.25%	6,128
4	フィリップ・モリス・インターナショナル	PM	5.25%	9,986
5	シェブロン	CVX	5.05%	11,246
6	アイビーエム	IBM	4.97%	14,430
7	アッヴィ	ABBV	4.47%	11,904
8	ギリアド・サイエンシズ	GILD	4.24%	7,138
9	ダウ	DOW	4.42%	6,964
10	ベライゾン・コミュニケーション	VZ	4.36%	6,338

※最低購入金額、株価は 2021 年 4 月 13 日の終値、円換算は 1 ドル = 110 円で計算。円未満四捨五入して表示。配当利回りは 2021 年 4 月 13 日の株価と、同日から直近 12 ヶ月間の配当支払い額から算出

図14　米国には連続増配株が多い

順位	銘柄名	ティッカー	配当利回り	最低購入金額（円）
1	AT&T	T	7.02%	3,259
2	エクソン・モービル	XOM	6.25%	6,128
3	シェブロン	CVX	5.05%	11,246
4	アイビーエム	IBM	4.97%	14,430
5	アッヴィ	ABBV	4.47%	11,904
6	ウォルグリーン・ブーツ・アライアンス	WBA	3.42%	6,006
7	コカ・コーラ	KO	3.11%	5,840
8	スリーエム（3M）	MMM	3.00%	21,612
9	ペプシコ	PEP	2.85%	15,736
10	ゼネラル・ダイナミクス	GD	2.46%	20,051

※最低購入金額、株価は2021年4月13日の終値、円換算は1ドル＝110円で計算。円未満四捨五入して表示。配当利回りは2021年4月13日の株価と、同日から直近12ヶ月間の配当支払い額から算出

とはいえ、高配当株が値上がりしないわけではありませんし、投資した資金に対する利益が計算しやすいため、有効に活用したいところです。

▼トレード時間が夜で兼業投資家に優しい

NYSE（ニューヨーク証券取引所）、NASDAQ（ナスダック証券取引所）などの取引時間は、日本時間23：30〜翌6：00（サマータイム時には22：30〜翌5：00）となります。**兼業投資家にとっては、本業の時間とバッティングしないので、取引しやすい**というメリットもあります。

もっとも、毎日徹夜していると、本業にも支障があるでしょう。そのため、自動注文を有効活用したいところです。

最近ではどのネット証券でも、指値（「〇〇円以下で買う」「〇〇円以上で売る」といった売買条件を指定して自動注文する方法）や逆指値（指値とは逆に、「〇〇円以上になったら買う」「〇〇円以下になったら売る」といった売買条件で自動注文する方法）などに対応しています。これを使えば、徹夜でチャートに張り付いていなくても大丈夫です。

▶取引時間が夜の米国株は兼業投資家におすすめ

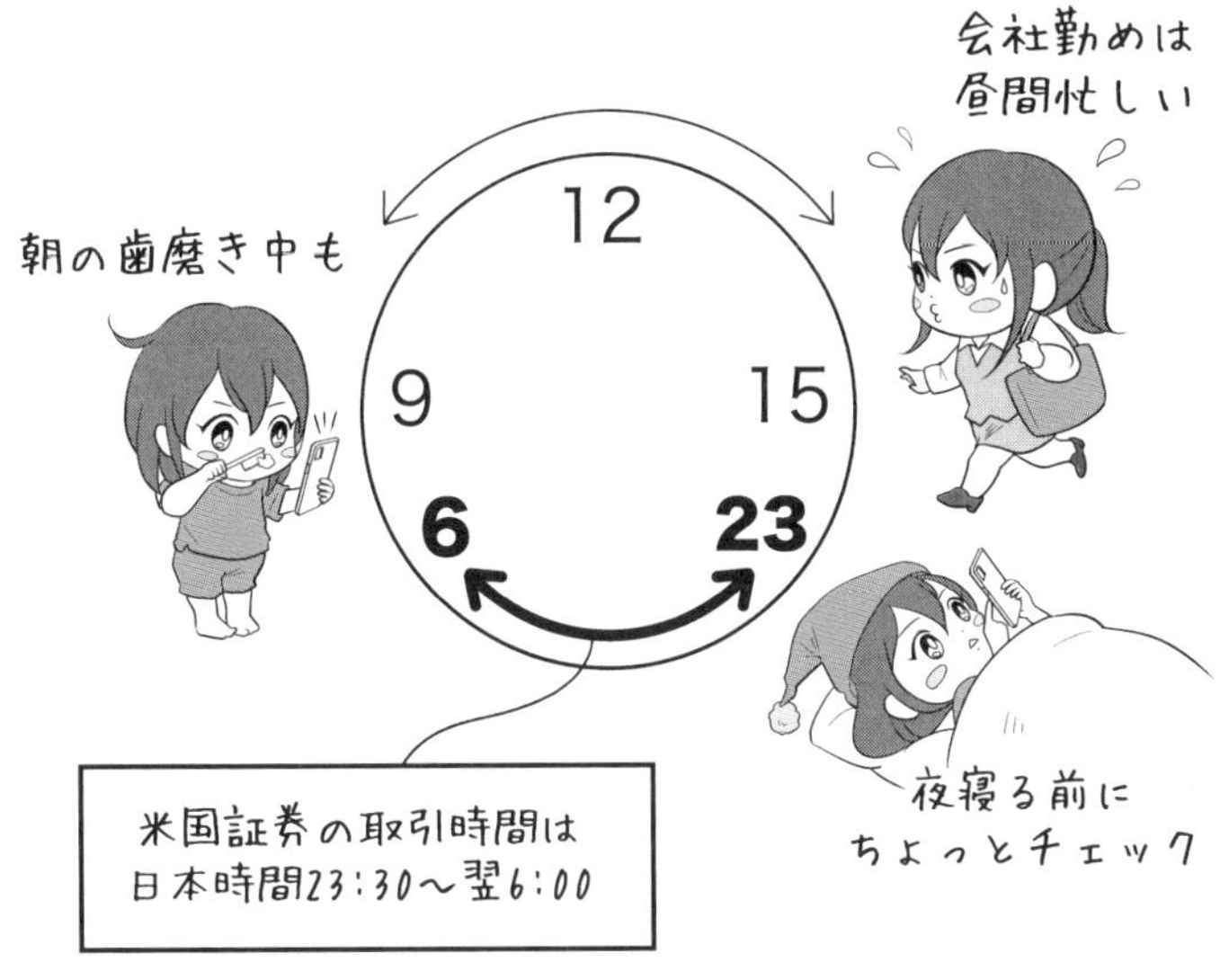
会社勤めは
昼間忙しい
朝の歯磨き中も
12
9
15
6
23
夜寝る前に
ちょっとチェック
米国証券の取引時間は
日本時間23:30〜翌6:00

▼成長企業のＩＰＯが相次いでいる

ＩＰＯとは、「Initial Public Offering」の略で、要するに上場していない企業の株が、証券取引所で新たに取引できるようになることです。

有望なベンチャー企業の大半は、米国市場でのＩＰＯを目指しています。

ＡｉｒｂｎｂやＷａｒｎｅｒ Ｍｕｓｉｃ Ｇｒｏｕｐ、あるいは人工肉を手掛ける先進ベンチャー企業のＢｅｙｏｎｄ Ｍｅａｔ（ビヨンド・ミート）といった超優良企業が、ここ数年、米国市場でＩＰＯを果たしました。

２０２１年における米国市場でのＩＰＯは１０３３件、資金調達額にして２８００億ドル超。件数、金額とも前年の約2倍で、ともに過去最高となりました。

図 15　株価が 2 倍、3 倍になる企業は米国に集まる

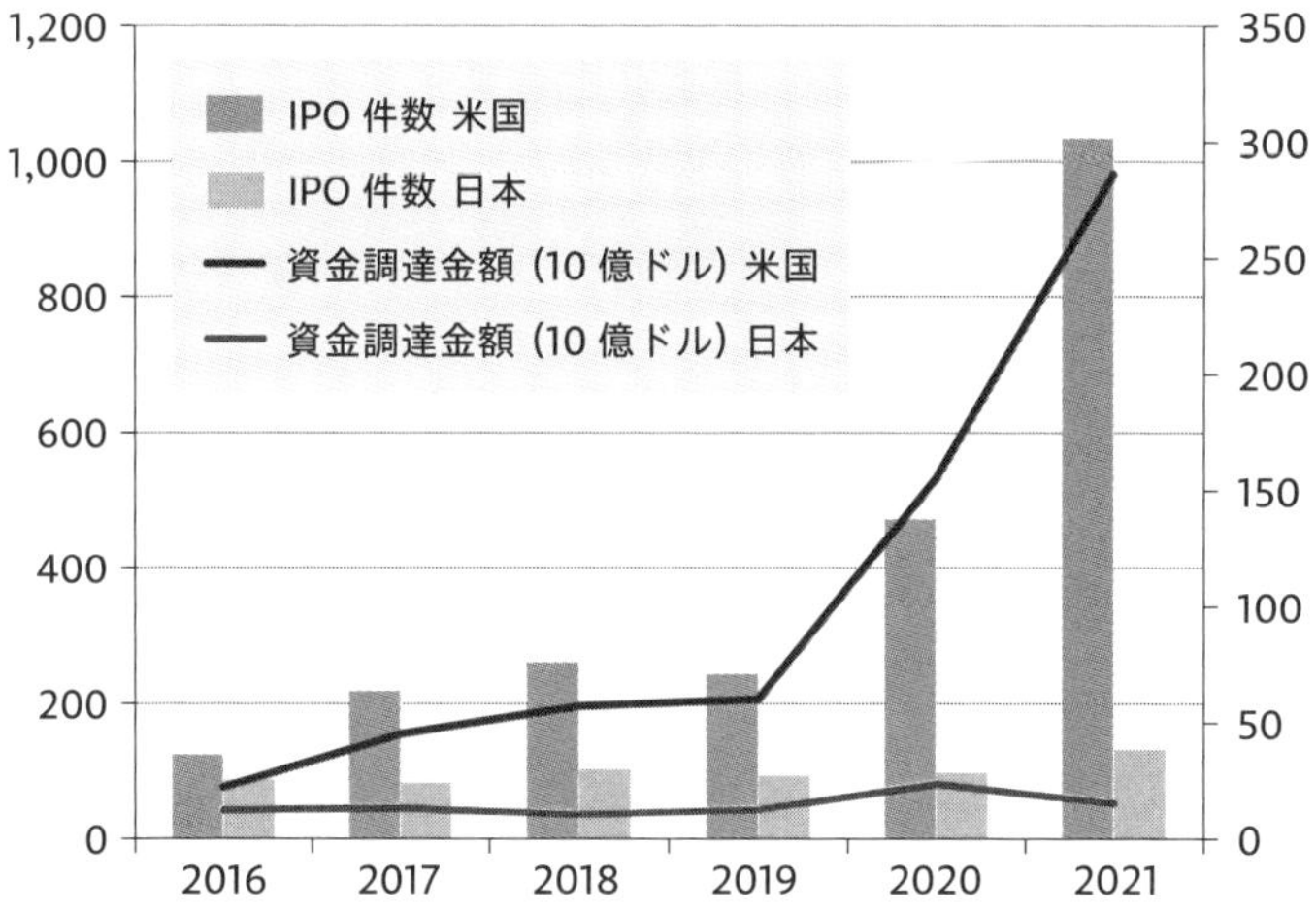

STEP1　まとめ

- 米国個別株投資なら、2倍、3倍になる株を見つけられる。
- 元手100万円を年利8％の投資信託で運用しても、1億円を達成するには60年もの歳月が必要。元手が少なく目標額が大きい場合、投資信託は非効率。
- 元手もノウハウも少ない初期には、分散投資はむしろ悪影響。集中投資のほうが損切りもしやすい。

STEP 2

「2倍、3倍に値上がりする株」を当てる

▸ STEP2：資産が伸び始めた時期のポイント

時期	2013年～2017年ごろ
内容	・空前の円高でドルを購入、そこから円安が進み資産が伸びる ・ここから米国個別株への集中投資を開始
資産の規模	300万円→3000万円
主な出来事	・アベノミクスから急激なスピードで円安に ・FXでドルを買い急激に資産が増える ・そこから米国個別株への集中投資で、1年で数百万円ずつ資産が増える
主な投資先	・米ドル ・GAFAM銘柄 ・その他IT・ハイグロ銘柄
ポイント	・80円台でドルを買えたことで、米国個別株投資で成功事例をつくれた
近しい境遇のみなさんにオススメをしたいこと	・米国株の銘柄選定ノウハウを掴む。 ・エントリーするタイミングが超重要。

▼300万円の元手を10倍以上に増やす

成長性への確信からグーグル株を数百万円分購入し、その後の円安進行の影響もあって1〜2年で倍以上の金額になりました。

それを受けて、それまで日本株中心だった自分の投資を、完全に米国株中心の手法へと切り替えていきます。

ぼく自身がIT系のベンチャー企業に長年勤めていたので、将来あらゆる産業がITで置き換わったり、効率化される世界がやって来るという展望を持っていました。

そのため、IT系の米国株、業界の最大手であるグーグルやアップル、フェイスブック、アマゾン、マイクロソフトといった、いわゆるGAFAM銘柄をはじめ、関連するソフトウェアサービス企業を中心に、どの株を買うべきか検討を進めました。

当時は米国株についての情報を得る環境が今ほど充実してはいませんでした。ただ、本業で接した企業・サービスのホームページを調べてみたり、Yahoo!Financeなどを使って業績情報を確認し、「あの企業はこんなに伸びているんだな」「この企業は実力を過少評価されているな」など、あーでもないこーでもないと試行錯誤しつつ、銘柄を選定していくことはできました。

後ほどご説明するように、時期が良かったという理由も多分にあるのですが、こうした米国個別株への集中投資が奏功し、**300万円程度だったぼくの元手資産は、数年で3000万円以上の規模にまで膨れ上がる**ことになります。

このSTEPでは、ぼく自身が米国個別株への集中投資時に気を付けていたポイントやノウハウをいくつかピックアップしてご説明していきたいと思います。

▼「買われそうな株」を買う

会社が発行する株には限りがあります。そしてその株価とは、あらかじめ定価が決まっているものではなく、オークションのように売り手や買い手がその株式にいくらの値段をつけたいかによって、リアルタイムに変動していきます。

では、どういった株が高値をつけるのでしょうか？

あるいは逆に、安値をつける株はどういったものでしょうか？

仮にあなたが「この株は、今は100万円だけれども、きっと2倍、3倍になるに違いない」という銘柄に出会い、それを市場で買ったとしましょう。この場合、あなたの中ではその株の価値が今の値段よりもはるかに高いという確信があるはずです。

ですが、その株を買ってすぐのタイミングで、自分の予想価格である200万円、300万円という値段で再度市場で売りに出したとして、果たして誰かが買ってくれるでしょ

▶「買われそうな株」を買う

うか？

答えはきっとＮｏだと思います。

あなたがその株を１００万円で買えたということは、その株を１００万円前後で売ってもよいと思っている人が別にいるわけです。その時点での適正価格はあくまで１００万円前後と見なければなりません。

ですが、その株を買ってから「新サービスがヒットした」「業績が市場の予想よりもはるかに良かった」など、その企業に関するポジティブなニュースが報道された場合はどうでしょうか。

市場に参加する多くの投資家が、あなたと同様に「この株は将来2倍、3倍になってもおかしくないかも」と思うようになり、市場に殺到するかもしれません。

株式というのは先ほどご説明した通り、オークションのように売り手や買い手の値付けによって価格が変動する商品です。そのため、このケースではじりじり株価が熱を帯びていき、いずれ２００万円、３００万円という値段で売却できる可能性も高まっていくでしょう。

つまり、**買いたい人が多ければ株価は上がり、売りたい人が多ければ株価は下がる**のです。

この意味で、**みんなが買いたいと殺到しそうな株を買う**というのが、株式投資で利益を得る上でとても重要なポイントになります。

多くの人が買いたい株とは、**業績がよく、今後も成長し、好業績を更新し続けるであろう会社の株**です。

株を保有するということは、その会社の出資者、いわば会社のオーナーの1人になるということです。なので、成長し多くの利益を上げる会社のオーナーになるほうが、リターンが大きくなります。

ただ、利益を上げていても、すでに多くの人が買っていて、割高な株を買うと、多くのリターンは望めないことになります。

ですので、その株が割安なのか割高なのか、は、基本的にはその会社の業績や将来性に比較して割安か割高か、という判断になります。

▼ファンダメンタルズを重視すべき

分析手法としてはテクニカル分析、ファンダメンタルズ分析の2つの手法があります（図16）。

テクニカル分析というのは、価格や売買高などの需給や、株価チャートの細かな動きを分析しながら株式の売買を行う手法になります。企業自体のサービス内容や業績を見て売買するというより、需給バランスやチャートの動きを見て売買する手法です。

そうした性質上、売買サイクルが比較的短くなることが多く、主にデイトレーダーの方が採用する印象が強いです。

逆にファンダメンタルズ分析は、サービスの内容や業績、財務状況といった企業の本質的な価値や、社会情勢や経済情勢といったよりマクロな環境を分析しながら売買する手法です。

数か月～数年といった長期的なサイクルで売買するトレーダーの方が採用する手法だと思います。

両方に一長一短がありますが、先ほど述べた成長株、好業績株を見定めて買うという観点で言うと、どちらかと言えば**ファンダメンタルズ分析の重要度が高い**とぼくは考えます。

ぼくの場合、昼間はサラリーマンの仕事がありましたので、デイトレーダーのようにチャートに張り付くことはできません。なので、テクニカル分析中心の方法を取れなかった、という理由もあります。

もちろんテクニカル分析も活用しますが、ぼくはどちらかというとファンダメンタルズ分析中心に、自分なりに銘柄を分析し、数カ月スパンで取引していきました。

期待通りに推移しなかった銘柄は早めに損切りして、良かった銘柄だけを残し、少しずつ勝ちを積み上げていくという「順張り型」のトレードがぼくのスタイルでした。

図 16　株価の分析には 2 つの手法がある

＼チャートに注目／

テクニカル分析
（技術的分析）

価格や売買高など需給や
投資家の行動パターンに
注目する

いくら 移動平均線・値幅観測

いつ サイクル・日柄カウント

＼企業等の価値に注目／

ファンダメンタルズ分析
（基礎的条件分析）

売上高・利益などの業績や、
財務状況など企業の本質的な
価値に注目する

マクロ 経済状況・社会状況

ミクロ 企業業績・財務状況

▼兼業投資家には大きなアドバンテージがある

自分の知っている企業の株しか、ぼくは売り買いしたことがありません。

「知っている企業」というのは、例えば、**サラリーマン時代に実際に取引させていただいていた企業とか、業界で力を持っていて有名な企業**です。

ぼくはＩＴ系の広告企業で働いていたので、大手＆新興ＩＴ系企業の株を中心に売買していました。仮にそういった接点がなくても、自分自身がいちユーザーとして実際に利用しているなど、**「この会社がいい／悪い」について、自分自身で判断できるものを買う**ということは、個別株投資においてとても重要なことだと思います。

みなさんはインサイダー取引をご存知でしょうか？

インサイダー取引とは、上場企業の関係者等がその職務や地位により知り得た情報や、投資者の投資判断に重大な影響を与える未公表の会社情報を悪用し、その情報が公になる前の段階で自社株等を売買するという、不正取引です。

「業績がとてもいいので、公表している計画を上方修正するらしいから、株価がきっと上がるぞ」とか、「重役の不祥事の報道が世に出るらしいから、株価がきっと下がるぞ」という情報を、自分が勤める会社だから、と言った理由で、あなただけが持っているとします。

その場合、あなたが自社の株を自由に売買できたら、その情報を知らない一般の投資家を相手に、莫大な資産を形成できてしまいます。

ですので、こうした取引は一般投資家の保護や金融商品市場への信頼確保を目的に、犯罪として固く禁止されています。

そもそも、そういったレベルの情報に接することなど、同じ業界にいても普通はありません。ですが、そこまでのレベルに至らない、ちゃんと公になっている情報で、かつ一般の投資家は分かっていない情報を知っていた場合は、どうでしょうか。

もちろん、インサイダー取引をすすめているわけではありません。しかし、「この会社は調子良さそうだな／悪そうだな」とか、「この会社の新サービスがウケているな／ウケていないな」など、**自分が普段から実際に身を置く業界のことは、働いたこともない別業界と比べて、よく分かる**んじゃないかと思います。

そうした点を、既に一定以上公になっている情報から察することは、当然ながらインサイダー取引にはあたりません。

こういった自分ならではの情報や現場観をフルに生かしていくことで、他業界にいる投資家よりも、適正にその企業やサービスの価値を判断していけますし、一歩先んじて状況判断できるのは間違いないと思います。

これは、**副業として株式投資を行う兼業投資家にとっての強いアドバンテージ**だと思っています。

チョコの米国株投資のパフォーマンス② メタ・プラットフォームズ（Facebook）

ティッカーシンボル：META
株価：100ドル → 300ドル（2015年 → 2021年）
パフォーマンス：6年で3倍
▼サラリーマン時代から広告効果の高さに注目。2022年現在は株価を落としているが、今後の成長に期待できる。

メタ・プラットフォームズ（Facebook）は、マーク・ザッカーバーグがハーバード大学のルームメイトらと共に設立したテクノロジー企業です。

旧社名でもあった世界最大級のSNSである「Facebook」に加え、「Instagram」、「WhatsApp」といったSNSのほか、「Oculus VR」などのハードウェアメーカーを相次いで買収し、幅広いユーザーを獲得しています。

2021年、今後の成長のためにメタバース開発を事業の核に据えるという方針のもと、社名を変更しています。

図17　メタ（フェイスブック）株の推移

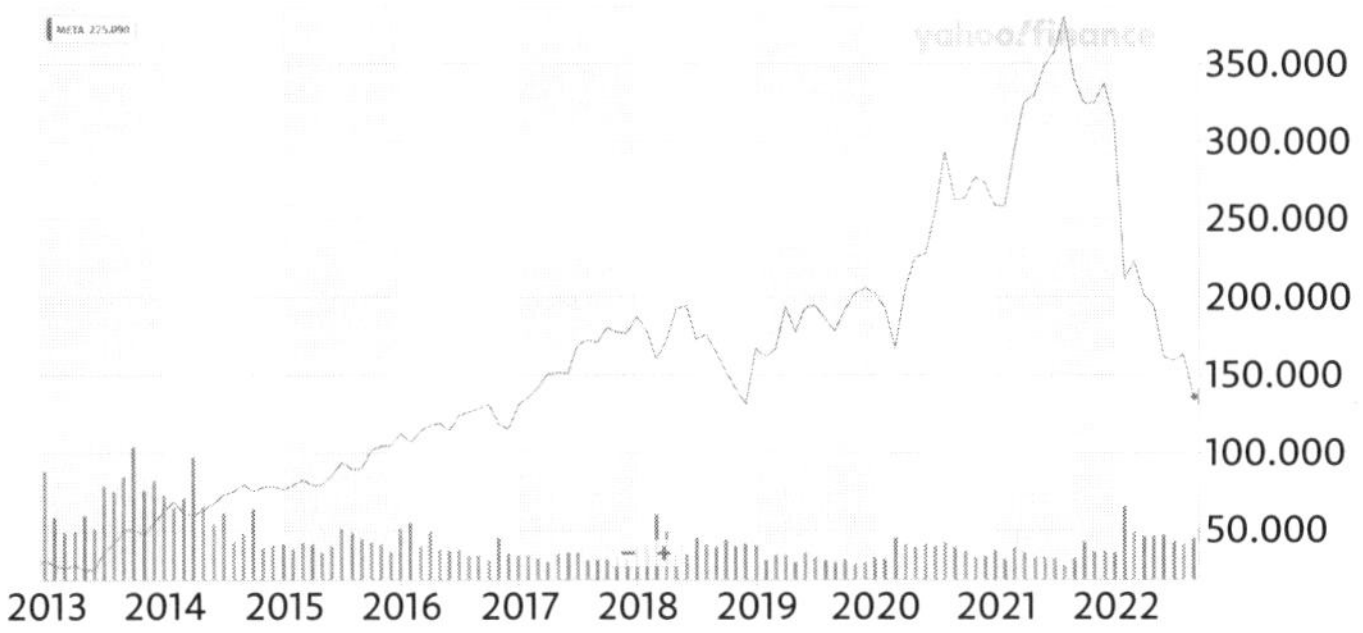

（出典）Yahoo! Finance

Ｆａｃｅｂｏｏｋや Ｉｎｓｔａｇｒａｍの事業モデルは、先ほどのＧｏｏｇｌｅ同様、その圧倒的なユーザーリーチを背景とした広告収入です。

広告事業では、単に広告を掲載して終了というわけではなく、実際にユーザーがその商品に興味を持ったり、商品を購入したりといった、広告主にとっての広告効果につながることが重要です。

ぼくがサラリーマンだった当時、**Ｇｏｏｇｌｅの次に広告効果の高いプラットフォームがＦａｃｅｂｏｏｋ広告でした。**

そのため、この企業はまだまだ伸びると踏んでぼくは投資をしました。

実際、そこからの数年間、売上高、営業利益ともに、おおむね右肩上がりに成長し、株価も3倍以上の値をつけてくれました。

ただ２０２２年現在はＴｉｋＴｏｋの台頭などから減収しており、米国の景気動向も相まって株価を大幅に落としています。

しかし、彼らが進めるメタバースなど、今後の成長が期待できる分野もあります。ぼくは引き続き注目しています。


チョコの米国株投資のパフォーマンス③ **トレードデスク（The Trade Desk）**

ティッカーシンボル：TTD
株価：60ドル ↓ 240ドル（2018年〜2019年）※分割前
パフォーマンス：1年で4倍
▼世界的企業が軒並み活用。株価は1年で4倍以上に。売上は前年比44％増、むしろ割安感も。

トレードデスクは、先ほどのメタ同様、デジタル広告事業を運営する企業です。バナーや動画のデジタル広告を、広告主がリアルタイムに制御できるインフラを提供しています。

メタと違い、普段話題にのぼることは少ないのですが、**世界的な企業が、軒並み彼らを広告パートナーとして活用しています。**

そのため、収益性が崩れることがなさそうだと考えて投資したところ、1年間で4倍以上にも成長してくれました。

図18　トレードデスク株の推移

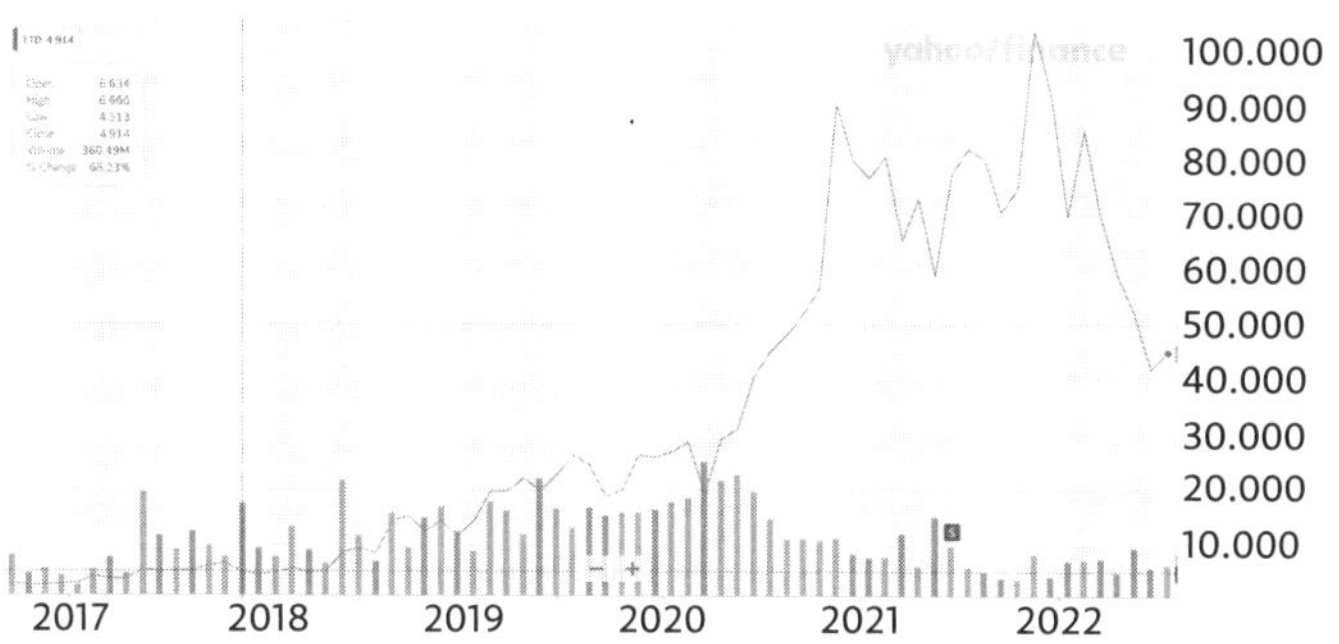

（出典）Yahoo! Finance

ぼく自身は２０１９年に株価が若干下落したタイミングで手放してしまいましたが、**２０２１年に実施した株式分割によって株価がさらに急伸し、分割前の価格換算で１０００ドル以上の値をつけました（持っていれば18倍になったのに！）。**

２０２２年11月現在は、景気動向もあって約45ドル（株式分割前の価格で約４５０ドル）程度まで落ち込んでいます。

ただ、**２０２１年の売上は前年比約43％増の約12億ドル、フリーキャッシュフローは前年比約12％増の約3億ドル以上と、めちゃくちゃな好業績を残しており、株価に割安感が出てきた印象を持っています。**

ふたたび成長軌道に乗るのではとぼく自身が注目する企業の１つです。

チョコの米国株投資のパフォーマンス④

ネットフリックス（Netflix）

ティッカーシンボル：NFLX
株価：140ドル ↓ 560ドル（2017年 ↓ 2022年）
パフォーマンス：4倍
▼仕事で関係があった会社がプッシュしていたので投資。コロナで株価が4倍以上に。

ネットフリックスはカリフォルニアに本社を置く動画コンテンツのストリーミングプラットフォーマーです。

彼らは元々、日本でいう「TSUTAYA」のようなレンタルDVD屋さんでした。しかし、彼らが新規事業として始めた動画配信サービスは、豊富なコンテンツ量やサービスの使いやすさ、オリジナル作品のヒットなどによって、世界中で人気を獲得します。

2022年の有料会員数は全世界で2億人を超えており、会員からのサブスクリプション収入が主な収益源となっています。

2020年に発生したコロナショックによって、外出自粛を強いられ、自宅で過ごす時間が長くなりました。

その影響もあって、彼らの配信する動画コンテンツのファンがますます増えています。

図 19　ネットフリックス株の推移

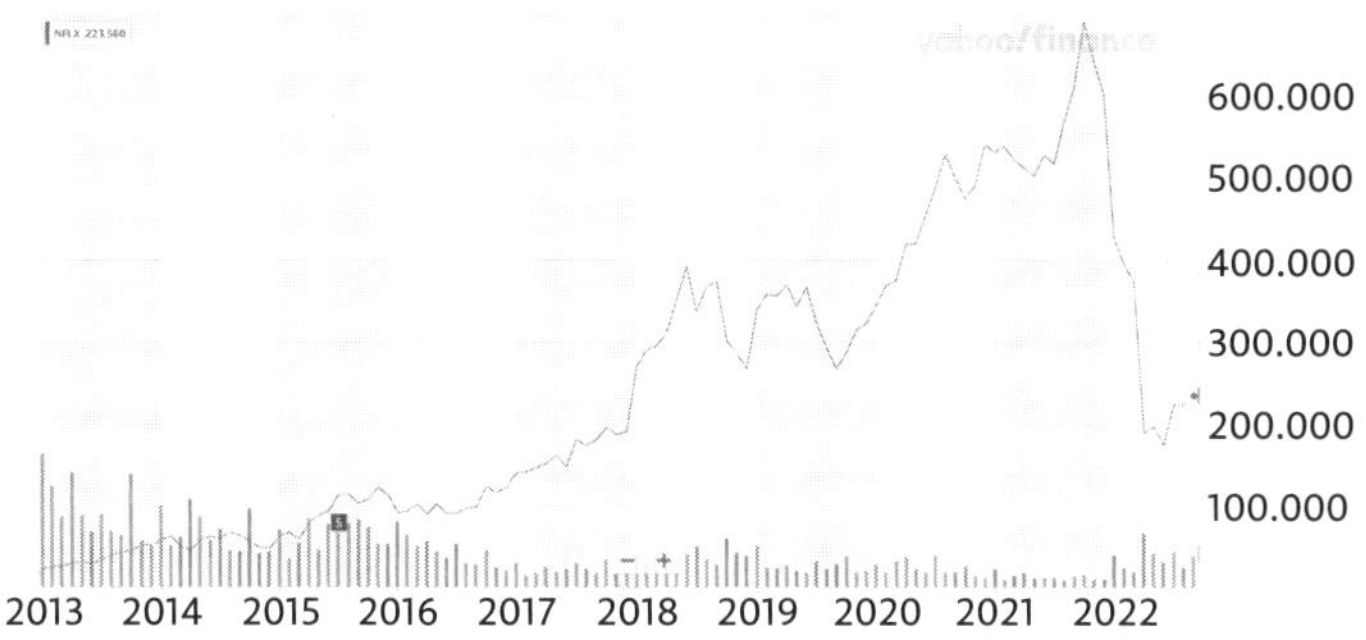

（出典）Yahoo! Finance

日本でのビジネス開始は２０１５年と比較的早い時期でした。ぼく自身は、２０１６〜17年頃、仕事で関係があったソフトバンクが、光通信サービスと抱き合わせで大々的にネットフリックスをプッシュしていたのを見て、日本でももっとユーザーを獲得すると思い、投資を行いました。

その後**コロナ禍でユーザー数が激増したことで、株価は4倍以上に値上がり**しました。

ただ、コロナ以前でも、２・５倍程度には値上がりしていました。

これはひとえに、彼らのビジネスモデルの優秀さ、サービスの素晴らしさ、市場の成長性によるものだと考えています。

コロナ禍の反動と、２０２２年以降の会員数の逓減《ていげん》への失望売りによって、現在彼らの株価は大きく下落しています。

しかし、２０２２年４−６月の決算では、売上も純利益も前年同期比を上回る好調ぶりでした。仮に会員数が大きく伸びなくても、あと数年は好業績が続くのではと予想しています。

また、中長期的に見れば、動画ストリーミングサービスが地上波・ケーブルテレビにとって代わると思われます。これからも株価が大きく反転する可能性はあると考えられます。

チョコの米国株投資のパフォーマンス⑤

ペイパル（PayPal）

ティッカーシンボル：PYPL
株価：40ドル → 240ドル（2017年 → 2021年）
パフォーマンス：6倍
▼勤めていた企業でサービスの優位性を知り、投資を決断。株価はすぐ6倍以上に。

ペイパル（PayPal）は、ピーター・ティールらによって設立されたソフトウェア企業が、イーロン・マスクの設立したX．com社と合併して設立された、電子決済サービスを運営するアメリカ企業です。

その後2002年にeBayに買収され、経営陣は退任しました。

しかし、2015年に現在の形でふたたび独立し、2021年には日本のオンラインショップ向

図 20　ペイパル株の推移

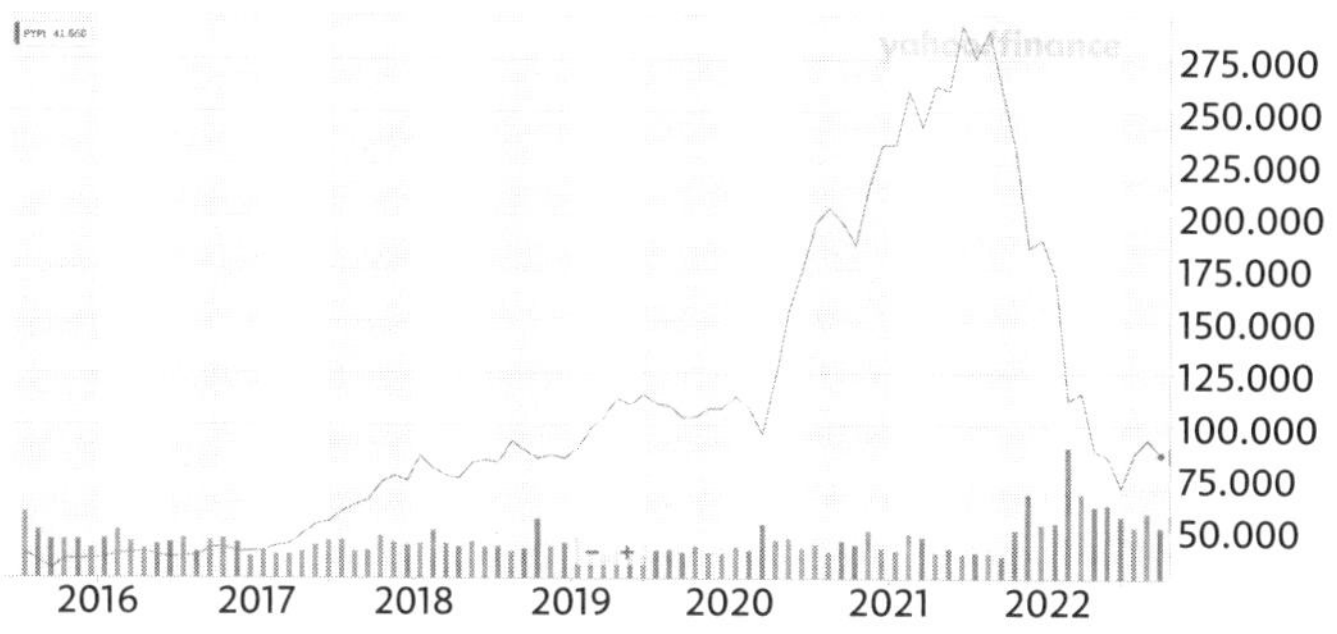

（出典）Yahoo! Finance

けの後払い決済サービス「Ｐａｉｄｙ」を約３０００億円で買収するなど、積極的な事業拡大を続けています。

２０２２年現在、全世界で４億件以上のユーザーがペイパルを活用しており、彼らのサービスを通じて３２００億ドル以上が決済されています。

ピーター・ティール、イーロン・マスクという、日本でも超有名なベンチャー起業家が創業した会社であり、その時点で「買い」とも思います。

ただ、ぼくがペイパルへの投資を決断した理由は、もっと身近にありました。

ぼくが勤めていた企業では海外の取引先とのやり取りも多かったのですが、「支払いはペイパルでいいですか？」と聞かれるケースが増えていたのです。

日本の法人だと２０２２年現在でも、ペイパルでの入出金を取引先とのやりとりに使うことはまだ一般的ではないと思います。

しかし、グローバルのビジネスで、しかも送金の手間や手数料を回避したい小規模の法人や店舗の場合、ペイパルは誰もが使っているサービスです。

ぼくの勤め先でもペイパルを使うことになったのですが、確かに便利でした。

「いずれは日本でも世界でもこのサービスが使われるだろう」という実感を得たので、すぐ投資を行いました。投資後、株価はすぐ6倍以上になりました。

チョコの米国株投資のパフォーマンス⑥ セールスフォース（Salesforce）

ティッカーシンボル：CRM
株価：120ドル→300ドル（2018年→2021年）
パフォーマンス：2.5倍
▼サラリーマン時代に日本法人のオフィスを見学した経験から投資を決断。1年ほどで2.5倍に。

セールスフォースは、米国カリフォルニア州に本社を置く企業で、顧客管理ソリューションを中心とした、SaaSタイプのクラウドサービスを提供しています。1999年3月、マーク・ベニオフにより設立されました。

ぼくはサラリーマン時代に、彼らのサービスを会社で使っていましたし、日本法人オフィスを見

図 21　セールスフォース株の推移

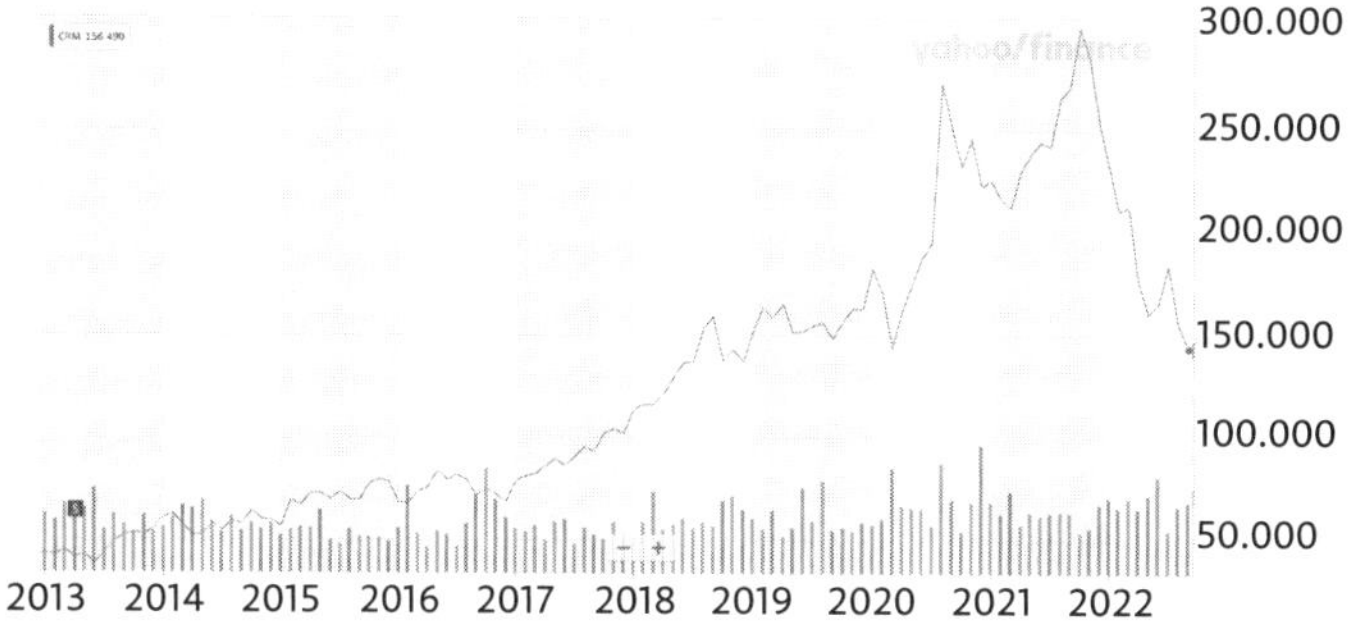

（出典）Yahoo! Finance

学したこともあります。

都内の大きなオフィスビルのワンフロアが、人ひとり座れるかどうかくらいの小さなスペースに間仕切りされていました。その狭いスペースに営業マンが座り、汗をかきながら必死に電話でアポイントを取っていたのです。

その光景を見て「世界中でこんなに熱心に営業していれば伸びないはずがない」と思い、ぼくは投資を決めました。

実際、日本でも利用企業が増え、たった1年半くらいで株価が2・5倍以上になりました。

２０２２年現在でも、積極的なM&Aを展開しています。それによって増えた機能を、既存顧客に販売して、さらに収益を拡大、その収益で別のサービスをM&Aするという形で成長を続けています。

今後も継続して事業規模を拡大するであろう銘柄です。

企業について実感をともなった判断材料を持っていれば、ビジネスが順調か不調か、株を売買するタイミングはいつか、といったことが判断しやすくなります。

逆に、ぼく自身、まったく現場観のない海外の不動産テック企業の銘柄を、「なんか流行っていて、知人に勧められたから」くらいの動機で購入した時もありました。

ただその時は、そのサービスがうまく行っているのか行っていないのかもわかりませんでしたので、そもそも今の価格が適正価格よりも高い水準なのか／低い水準なのか、いくらくらいで利益を確定すべきか、正直判断がつきませんでした。

その銘柄については、結論としてはちょうど高値つかみとなる値段でエントリーをしてしまったので、その後ズルズルと値を下げます。仕方なく損失を確定し、よく分からないままに数十万がなくなって終了という形になってしまいました。

2倍、3倍になる株は、1、2年くらいのスパンで見ていくことが前提となります。

その際、自分が**よく知っている銘柄なら判断しやすく、**不安に駆られて狼狽《ろうばい》売りしたり、焦って利益確定してしまうという「ミス」をしにくいという利点もあります。

▼「業績が良い会社」は売上でわかる

株式市場に上場しているすべての企業は、一定の形式で決算書を出しています。例えば、先ほど例に出したグーグルも、検索エンジンの隅の方にあるリンクから「投資家向け情報」を見ることができます。

会社のホームページなどを確認すれば、上場企業である以上、基本的にはどの企業も毎四半期ごとに業績の状況や経営の動向を一定の様式で掲載することが義務付けられていますし、後ほど紹介するようなYahoo!Financeなどのサイトを活用することで、色々な企業の主要指標だけを絞り込んで確認することも可能です。

決算書内にあるいろいろな指標の中でも**「売上」、とくに「売上の推移」や「売上上昇率」は絶対に見ておくべき指標**です。

企業にとって、売上こそが収入を得る方法です。売上が伸びなければ、企業が成長していくことはできません。

売上が上昇しているということは、ユーザーにその企業のサービスがウケていて、業績が好調ということになります。

売上上昇率が好調な企業は、将来の成長が見込まれるので、株価がどんどん値上がりし、実際の価値よりもはるかに高い金額まで吊り上がることもあります。

図 22　上場企業の決算情報はインターネット上に公開されている

（出典）アルファベット HP

▼「儲かっている会社」は利益でわかる

「売上」だけでなく、「利益」も見る必要があります。

決算書の中の「売上総利益」は、売上から原価を引いたもので、いわゆる「粗利」のことです。また、「売上総利益率」は、売上に対する粗利の割合となります。

同様に、「営業利益」は「売上総利益（粗利）」から販売管理費を引いたもので、本業によって得る利益の総額です。「営業利益率」は、売上に対する営業利益の割合となります。

これらは、その企業が儲かっているかという、企業の収益性をはかる指標です。

売上総利益率や営業利益率が低いほど、「薄利多売」の商売をしていることになります。

また逆に、売上総利益率や営業利益率が高ければ、その製品やサービスが独自の強みを持っていると判断できます。

業界や業種、業態により、利益の水準は異なるため、売上総利益率や営業利益率が良いか／悪いかは一概には言えません。

ただ、以前に説明したように、自分にとって馴染みのある業界であれば、その企業の売上総利益率、営業利益率が良いか／悪いかの判断がつきやすいと思います。

これらの指標が良い企業ほど、本業で稼ぐ力が強い企業、つまり儲かっている優良企業だと判断できます。

▼「経営がうまくいっている会社」はEPSでわかる

ＥＰＳとは、「Earnings Per Share」の略で、１株あたり利益を表します。税金を払った後の企業の利益を純利益と言いますが、ＥＰＳはそれをさらに発行済み株式数で割って、１株あたりの利益に直したものです。

そのため、ＥＰＳは「純利益」と比べて、**増資などの経営判断が成功しているか失敗しているかを見定める判断材料**になります。

例えば、増資や株式分割、社債の発行などによって発行済み株式数が増えると、純利益は変わらず、株式数だけが増えるので、ＥＰＳは小さくなります。

順調に純利益が増えていけばＥＰＳは元の数値に戻っていきますが、そうでなければＥＰＳは小さいままです。

ですので、「ＥＰＳが継続的に伸びているか」は、企業のあるタイミングでの施策が適切なものだったかどうかを図るバロメーターになる、というわけです。

また、企業としての規模が小さく、発行済み株式数が少ない企業が純利益１億円を叩き出す場合と、発行済み株式数が多い大企業の純利益１億円とでは、前者の方がＥＰＳが大きくなります。

そのため、**ＥＰＳをチェックすることでその企業が適切な株式規模を維持しているか、**

図 23　企業活動を知るための 3 つのキャッシュフロー

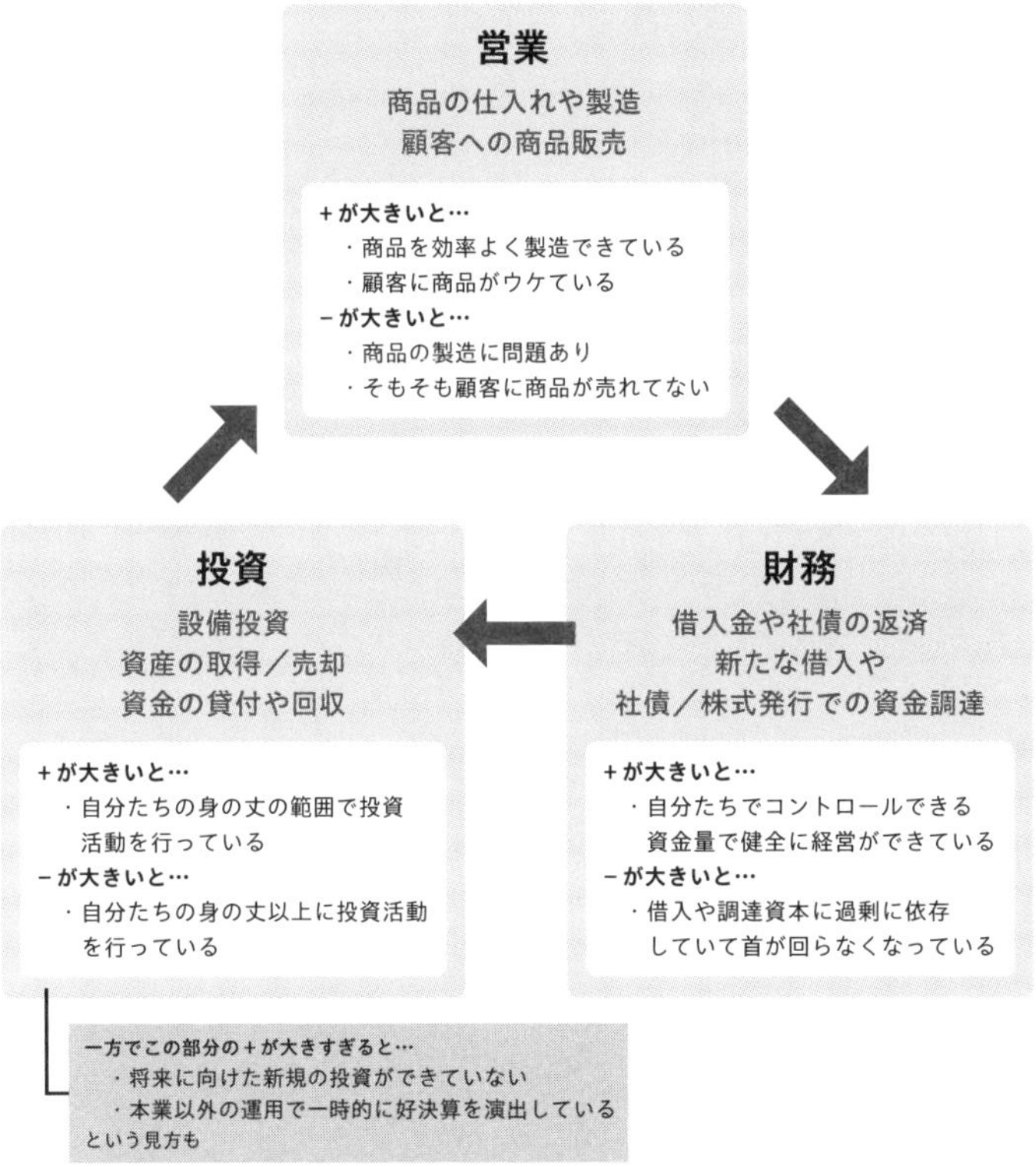
営業
商品の仕入れや製造
顧客への商品販売
+が大きいと…
・商品を効率よく製造できている
・顧客に商品がウケている
－が大きいと…
・商品の製造に問題あり
・そもそも顧客に商品が売れてない
財務
借入金や社債の返済
新たな借入や
社債／株式発行での資金調達
+が大きいと…
・自分たちでコントロールできる資金量で健全に経営ができている
－が大きいと…
・借入や調達資本に過剰に依存していて首が回らなくなっている
投資
設備投資
資産の取得／売却
資金の貸付や回収
+が大きいと…
・自分たちの身の丈の範囲で投資活動を行っている
－が大きいと…
・自分たちの身の丈以上に投資活動を行っている
一方でこの部分の+が大きすぎると…
・将来に向けた新規の投資ができていない
・本業以外の運用で一時的に好決算を演出している
という見方も

利益を出せているかを推し量ることができます。

▼「本業で稼げている会社」は営業キャッシュ・フローでわかる

「キャッシュ・フロー」とは、その名の通り、キャッシュ（現金）の流れ（フロー）です。キャッシュ・フローを見れば、資金がどのような理由で増加（または減少）したかがわかるため、売上や利益率だけでは分からない資金の流れを知ることができます。

キャッシュ・フローには「営業キャッシュ・フロー」「投資キャッシュ・フロー」「財務キャッシュ・フロー」の3つの区分があります。

それぞれのキャッシュ・フローを見ることで企業の経営状況を確認することができます。

例えば、全体のキャッシュ・フローがプラスであっても、営業キャッシュ・フローがマイナスで、その分を投資キャッシュ・フローや財務キャッシュ・フローで補っている場合、本業で稼げていない分を、資産の切り売りや借入で補っている、ということになります。この場合、会社の状態はあまり良好ではありません。

十分な営業キャッシュ・フローがあり、その範囲内で投資活動や財務活動を行っており、全体としてのキャッシュ・フローがプラスの状態が理想的です。

チョコの米国株投資のパフォーマンス⑦

マイクロソフト（Microsoft）

ティッカーシンボル：MSFT
株価：50ドル → 228ドル（2016年～現在）
パフォーマンス：4・5倍
▼「今後しぼんでいく銘柄」とされながらも、4兆円近い営業キャッシュ・フローに注目して購入。株価は4・5倍に。

安定して好業績の銘柄として真っ先に思い浮かぶのがマイクロソフト（Microsoft）です。

2022年現在のインフレによる景気変動の中でも、その株価は比較的崩れていません。

マイクロソフトは1975年にポール・アレンとビル・ゲイツによって設立されたソフトウェア会社です。

「Windows」シリーズを中心とするパソコン用OSはもちろん、「Word（ワープロソフト）」や「Excel（表計算ソフト）」といったビジネスソフトでも圧倒的なシェアを持ち、その利用者は全世界で10億人を超えます。

ぼくが投資をはじめたころの2016年当時、マイクロソフトはスマホ市場への対応が不十分で、

図 24　マイクロソフト株の推移

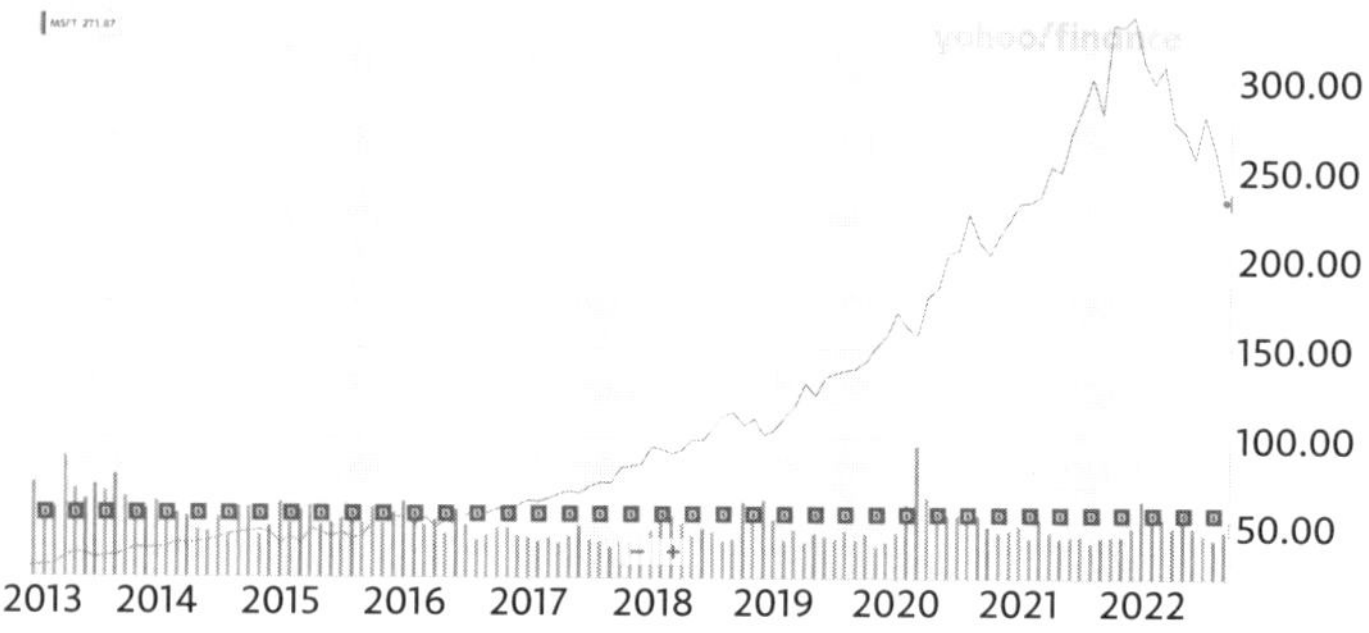

（出典）Yahoo! Finance

今後しぼんでいく銘柄とされることもありました。

ただ、その時点で彼らの売上高は年間10兆円超、30%前後の営業利益率を叩き出していました。

配当にも積極的で、しかも年々増配する傾向にあります。

また営業キャッシュ・フローも4兆円近くと安定しています。「オワコンではなく、また成長軌道に乗る」のはどう見ても明らかでした。

実際、それ以降にクラウドサービス「Azure」が急成長を遂げ、そのシェアは20%を超え、同30%程度のアマゾンの「AWS」に次ぐ2番手となっています。

アマゾンの「AWS」が伸び悩むなか「Azure」のシェアは拡大しており、米国国防総省のシステム更新の1兆円入札に「Azure」が競り勝ったことも有名です。

それによって、2022年現在の売上高は年間15兆円を超え、2016年との比較で1・5倍以上の成長

を実現しています。

クラウドサービスの市場そのものが今後も年間数十％ずつ伸長すると予想されており、今後も彼らの業績は盤石だとぼくは考えています。

チョコの米国株投資のパフォーマンス⑧ アップル（Apple）

ティッカーシンボル：AAPL
株価：25ドル ↓ 150ドル（2016年〜現在）
パフォーマンス：6倍
▼営業利益率は約30％、EPSも増益基調でまだまだ株価上昇が期待できると予想。

パソコンの「Mac」やスマートフォンの「iPhone」、スマートウォッチの「Apple Watch」で有名なアメリカ大手IT企業、それがアップルです。

1977年にスティーブ・ジョブズらが設立したアップルは、自社の工場を持たない、いわゆる「ファブレス企業」で、企画・設計・販売に特化しています。

株価はここ数年で6倍以上に成長しており、売上高・営業利益ともに過去10数年に渡り好調です。2021年度の売上高は3658億米ドル、営業利益率は約30％と、その収益力は驚異的です。

図25　アップル株の推移

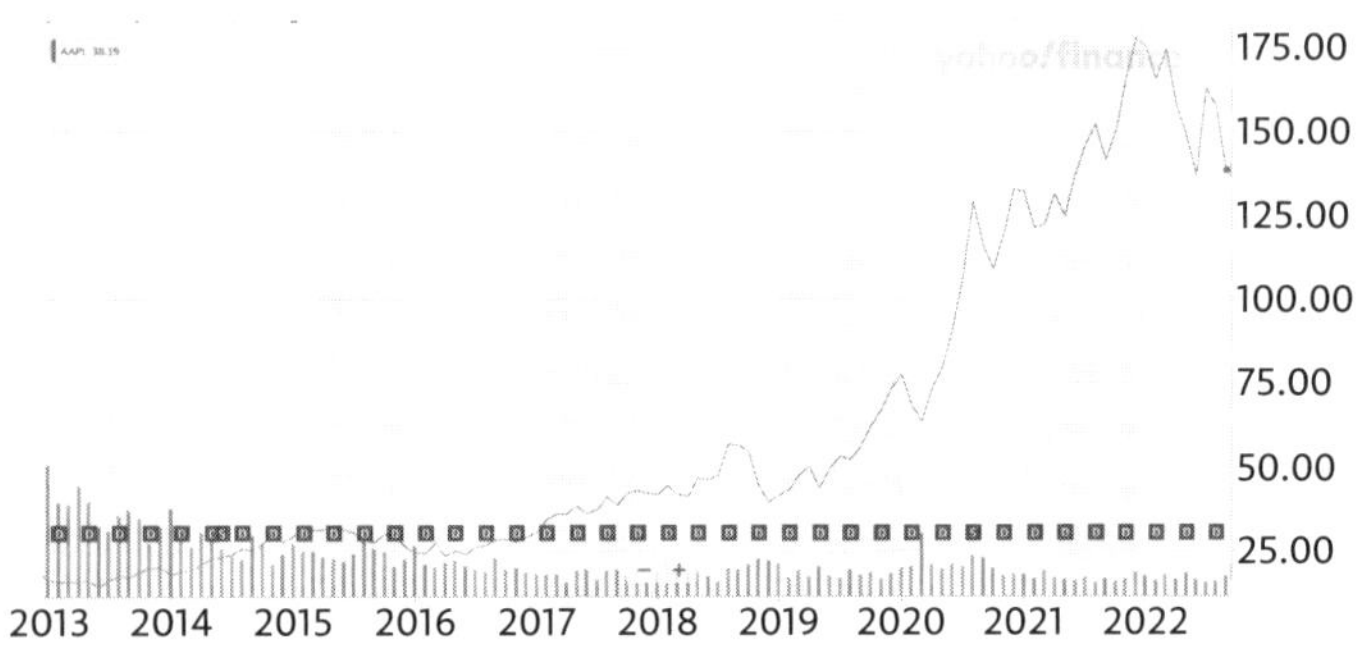

（出典）Yahoo! Finance

ファブレス企業ゆえに設備投資による減価償却コストが少なく、高い収益性に寄与しています。

また、アップルは配当、自社株買いなどの株主還元施策にも非常に積極的です。

そのためEPSも2019年以降、2．9ドル、3．3ドル、5．6ドルと増益基調にあります。2022年現在も、大型の自社株買いを予定していると噂されています。

アップルといえばハードの製品が注目されますが、「Apple Music」、「Apple TV+」、「Apple Arcade」、「Apple Pay」などのソフトウェアサービスも充実しています。

今後これらのサービスの加入者はますます増えると予想されています。

実際、2021年度第3四半期には、サービス事業が「iPhone」に次ぐ売上を記録、有料会員は2022年現在7億人を超える規模になっています。

また、新規事業として自動運転の電気自動車を用意しているとも言われています。2021年末、ハンドルやペダルのない完全自立走行車を2025年にリリースすると米国ブルームバーグが報じると、2022年1月3日の時価総額は一時3兆ドルの大台を突破しました。アップルからの公式発表がない中、市場の期待感を示したと言えると思います。

既存商品の圧倒的な収益性と、電気自動車に代表される新規商品による新しい市場の取り込みから、アップルはまだまだ企業として成長し、株価の最高値を更新していくものと、ぼくは考えています。

チョコの米国株投資のパフォーマンス⑨

アマゾン（Amazon）

ティッカーシンボル：AMZN

株価：30ドル ↓ 180ドル（2016年〜2021年）

パフォーマンス：6倍

▼配当を出さず利益のほとんどを投資に振り向け、「AWS」などEC以外にも進出。今後も成長が期待できる。

アマゾン（Amazon）はジェフ・ベゾスが1994年に創業した世界最大のECモールです。

図26　アマゾン株の推移

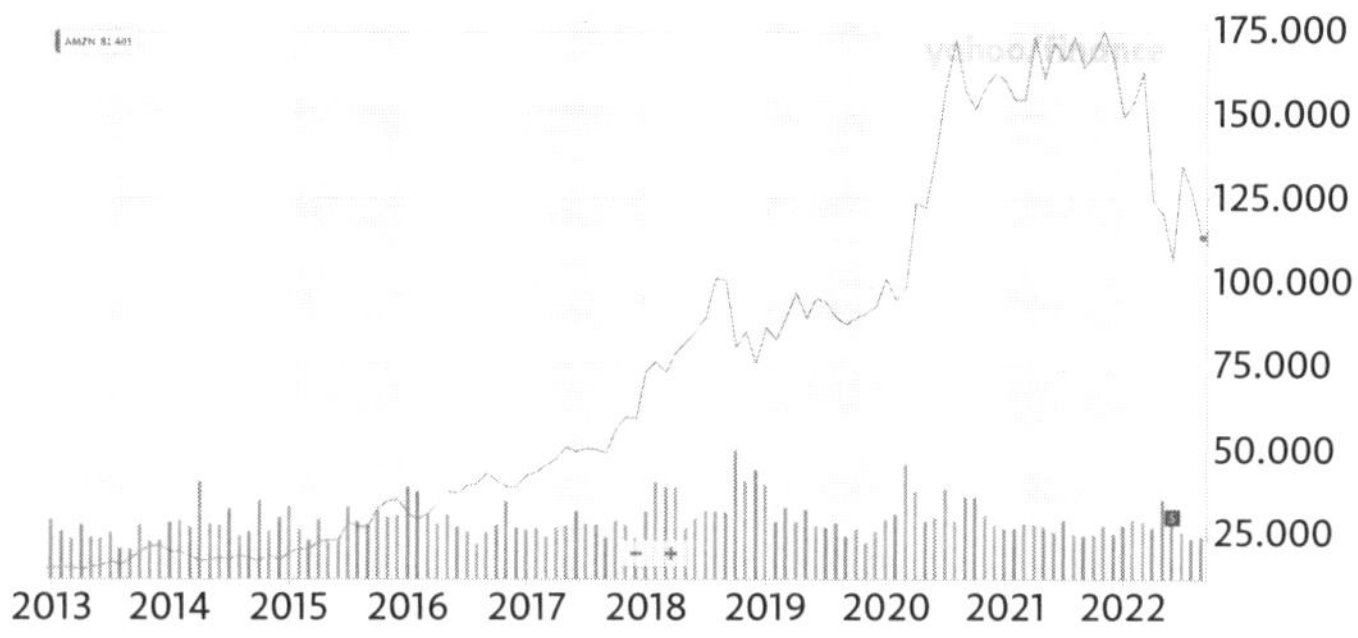

（出典）Yahoo! Finance

その競争優位性は物流網にあります。彼らは２０１０年代前半以降、数兆円規模の巨額資金を投じて物流網を整備しており、梱包ノウハウから人的なノウハウに至るまでを徹底して改善し、低価格を実現しています。これは一朝一夕に模倣できるものではありません。

また、近年ではクラウドサービスである「ＡＷＳ（Ａｍａｚｏｎ Ｗｅｂ Ｓｅｒｖｉｃｅｓ）」やオンラインコンテンツのオンデマンド・サービスである「Ａｍａｚｏｎプライム」、バーチャルアシスタントＡＩの「アレクサ（Ａｌｅｘａ）」など、ＥＣ領域以外にも進出しています。

２０２１年度の売上は４６９８億ドルで、前年同期比21%増。そのうちの3分の1程度が「ＡＷＳ」や「Ａｍａｚｏｎプライム」などからの収益でした。

Ａｍａｚｏｎプライムの有料会員は現在2億人以上と、ＥＣ事業一辺倒からの脱却が順調であることが分かります。

2021年にベゾスは会長職に退き、経営の第一線からは遠ざかりました。後任としてアンディ・ジャシーが現在CEOを務めています。

アマゾンは現在も配当を出さず、利益のほとんどを投資に振り向けています。近年では電気自動車企業への出資や、電気自動車による配送網の構築など、新しい取り組みを行っています。

また、2022年前半には、現在のインターネットサービスよりも低価格かつ高速なブロードバンドサービスを提供するため、通信衛星領域でもビジネス展開を進める計画「プロジェクト・カイパー」を発表しました。

その研究開発の規模は年間1兆円の規模を超える期も多く、米国企業の中でも群を抜いています。

2022年前半の決算は数年ぶりの赤字決算となり、株価も以前に比べると低調に推移していますが、数年来の新規事業への投資が今後花開いていくと仮定すると、継続的な事業拡大が期待できる銘柄であると見ていいでしょう。

以上、チェックするべき業績指標について、ざっと触れてきました。こういった指標をいちいち決算書を読み解いたり、計算したりするのは骨が折れますので、**Webサイトなどを使って、効率的に情報収集をするのが**◎です。

ぼくは一連の情報をYahoo!FinanceやInvesting.comという

図 27　情報収集は WEB を使うのが効率的

● Yahoo! Finance (https://finance.yahoo.com)

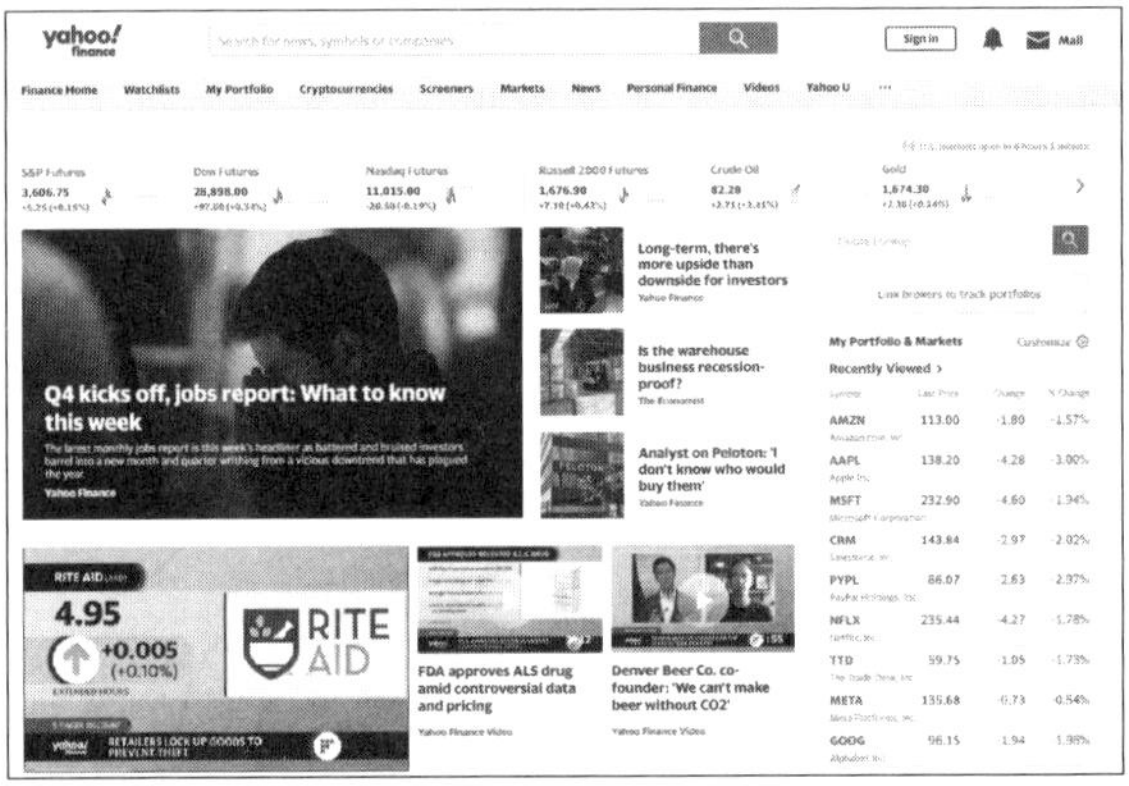

● Investing.com (https://investing.com)

Webサイトで分析するようにしています。

これらのサイトでは、個別銘柄の重要指標に加えて、その値のコンセンサス予想（専門家の予想した平均値）との差異も確認できたりします。

決算発表でコンセンサス予想を上回る数値が出た際は、株価が上昇しがちですので、予想値もチェックするのが重要です。

▼「誰も知らない優良銘柄」はあり得ない

1日、1週間など、**ある一定期間内に売買が成立した株数**を出来高と言います。

出来高が多いということは、みんなが売買に参加していて取引が活況な株ということになります。逆に出来高が少ない株はあまり注目されていない株ということになります。

企業に十分な出来高があるかどうかは重要な指標です。

それは、株式の買いやすさ／売りやすさに直結する指標だからです。

例えば、市場に流通している株数や業績など、他の条件は全て同じで、1週間で1株しか売買されない株と、1万株売買される株があったとして、両社を比較して考えてみるとよく分かると思います。

仮にどちらも1株100万円だったとして、あなたはどちらを買いたいでしょうか？

当然のことではありますが、株式投資で儲けを出すためには、基本的には安く買った株をなるべく高値で売却して差益を得る必要があります。

その企業の業績がどれだけ順調でも、1週間で1株しか売買されない株の場合、200万円や300万円といった、強気の価格で売りに出せるでしょうか。

むしろ、「めったに売買されないから、この機を逃すと、いつ希望価格で売れるかわからない。だったら、少し安めの値段で、確実に売却しよう」と考えるのではないでしょうか。

出来高が少なく、売買のチャンスが少ない銘柄では、強気な値付けをしにくいのです。

また、買い手側は、そうした売りさばきづらい株を好き好んで買い集めるでしょうか？

同じ条件、同じ値段だったならば、自由に売りさばきやすく、仮に値が下がっても一定のタイミングで離脱しやすい、売買のチャンスが多い銘柄を好んで買うはずです。

そうした考えからぼくは、業界内で比較的名が通っていて、十分な出来高がある企業だけを対象に投資をしてきました。

誰も知らない優良銘柄なんてものは普通存在しません。株価が上下するのは、たくさんの人が、買ったり売ったりするからです。誰も知らない銘柄の株価は動きませんので、値上がりも期待できません。

誰も目をつけていない優良銘柄を発掘して、ドカンと当てれば、かっこいいとは思うのですが、ぼくにはできたためしがありません。

図 28　出来高が増えるタイミングが株価も上がりやすい

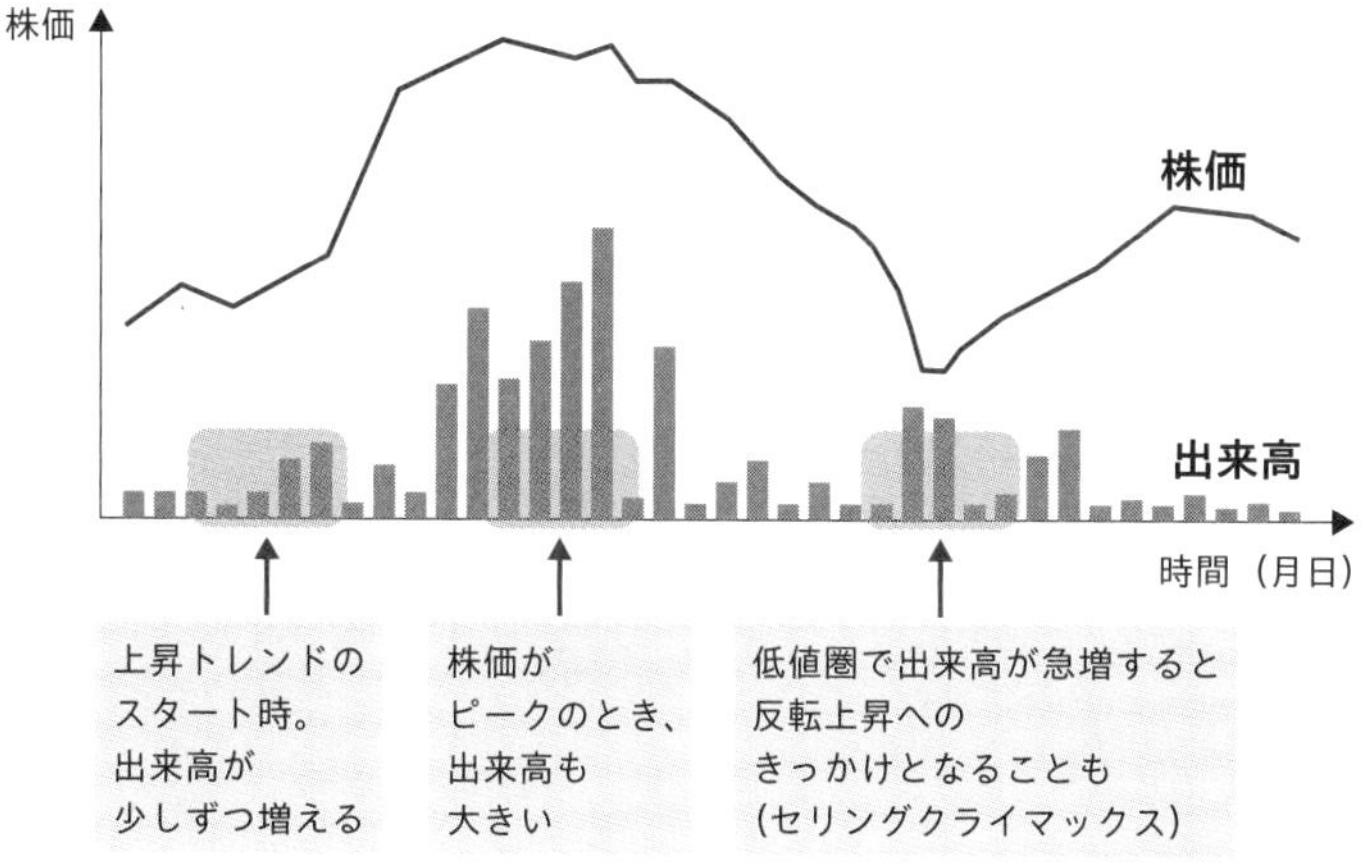

また、同一の銘柄でも、タイミングによって出来高が増えたり減ったりします。先ほどの通り、出来高が増えていくのは、多くの人がその株を売りたい・買いたいと思って取引が活発になっていく時です。そのため、それまで低調だった出来高が増え始めていくタイミングでは株価もそれにつられて上昇しやすく、投資のタイミングとしては狙い目といえます。

▼チャートをもとに「徹底的に順張り」する

ファンダメンタルズを重視すべきだ、という話をしましたが、それはテクニカルの知識はいらないということではありません。

銘柄選定ではファンダメンタルズ分析を活用しますが、その銘柄をいつ買うべきかを判断する際にはテクニカル分析を活用します。**テクニカル分析の知識があると、高値づかみを避けられる**からです。

ぼくは今後成長する株を見定め、現物取引で株を買い、高値で売る、というスタイルで投資をしてきました。その中で、**株価のトレンドに対しては徹底的に順張り**を心掛けています。

つまり、株価が上がりそうだと見定めてから買い、株価が下がることを見定めてから売

図 29　チャートは「ローソク足」「出来高」「移動平均線」の 3 つの要素でできている

チャートの例

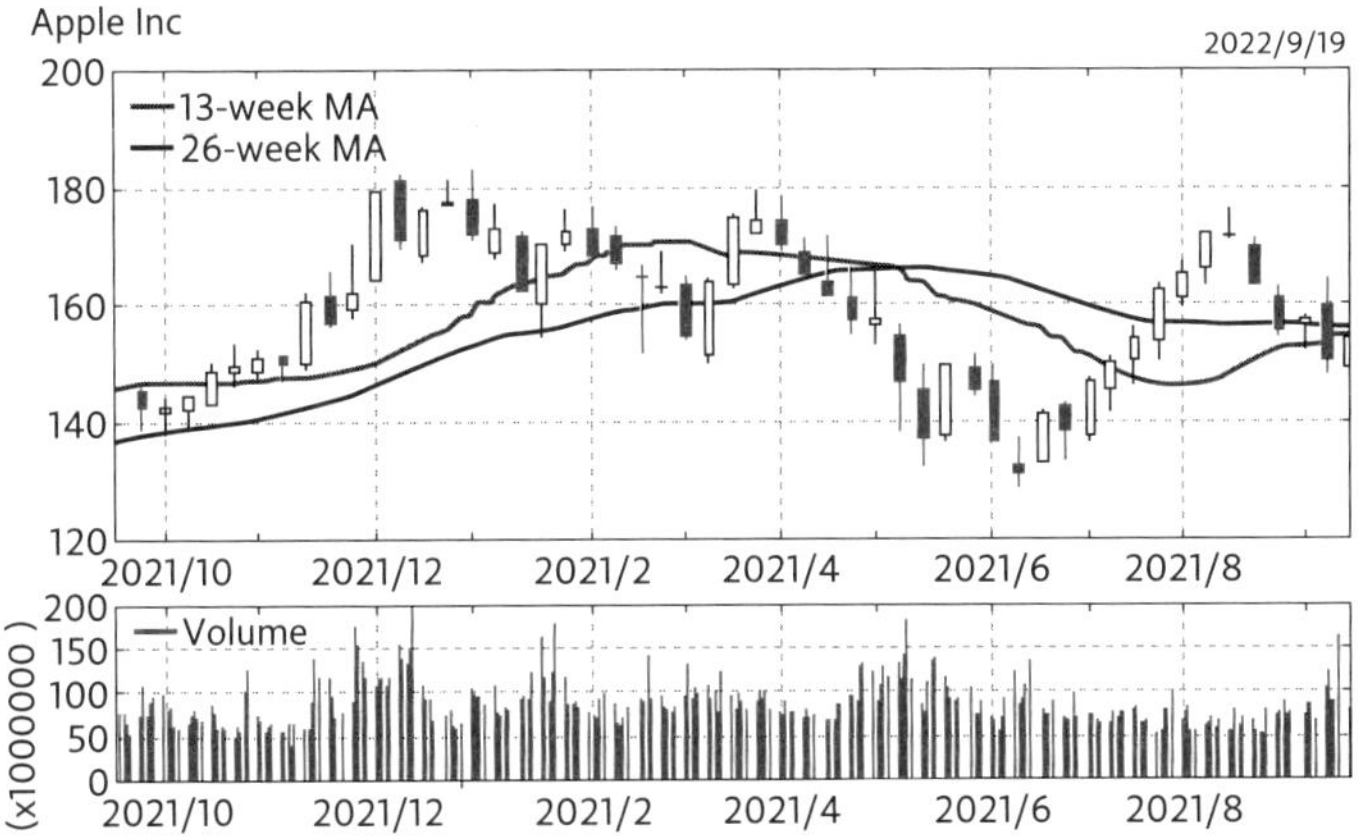

（出典）Yahoo! Finance

図 30 「ローソク足」には意味がある

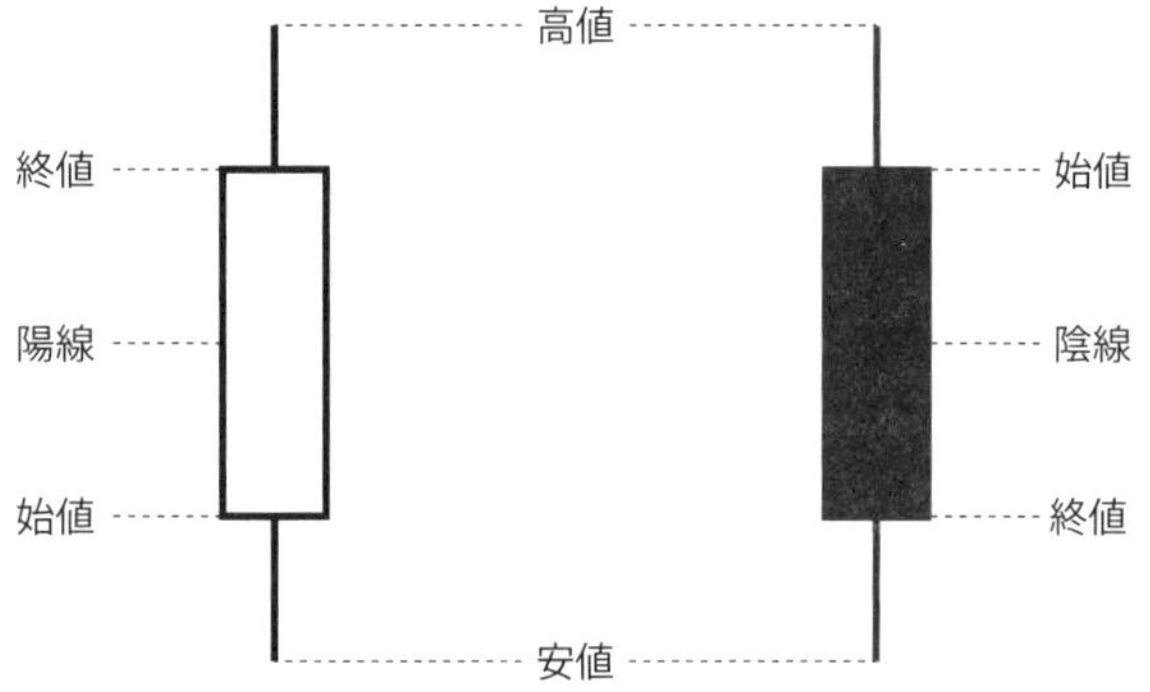

る、という素直なトレードになります。

その方法の前に、まずチャートの基本的な見方をご説明しておきます。

株価チャートは**「ローソク足」と「出来高」、「移動平均線」**の3つの要素でできています。

ローソク足は、設定した時間内の始値《はじめね》・高値《たかね》・安値《やすね》・終値《おわりね》を視覚的に表しています。変化し続ける為替レートを視覚的に、かつひと目で値動きを把握できるのがローソク足の特徴です。

ローソク足の形状を読み解くことで、相場を分析できますので、実際の取引に大変役立ちます。

出来高は、先ほど触れたように、1日、1週間など、**ある一定期間内に売買が成立した株数**を指します。チャートと並べて見比べることで、値動きのタイミングでどの程度の売買が成立しているかが判別しやすくなります。

▼売買のタイミングがわかる「移動平均線」

「移動平均線」とは、ある一定期間の株価の平均値をグラフ化したものです。

平均値を取る期間によって、グラフが変わるため、短期の線、中期の線、長期の線を一緒に表示することが多いです。

図 31　「ローソク足」の読み方がわかれば相場を分析できる

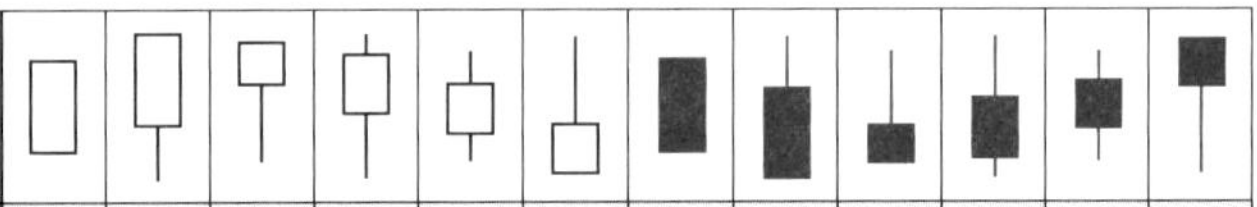

形												
見方	上昇継続	上昇継続	上昇継続	上昇継続	小休止	上昇継続又は反転示唆	下降継続	下降継続	下降継続	下降継続	小休止	下降継続又は反転示唆

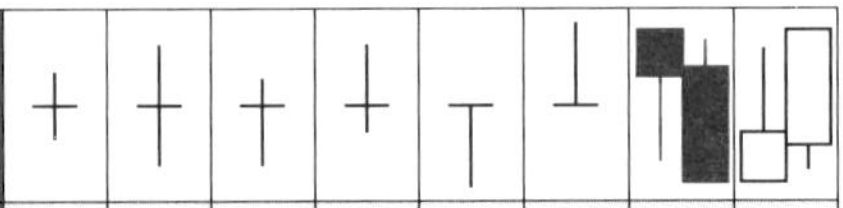

形								
見方	転換示唆	強弱攻防	上昇中なら上昇継続	下降中なら下降継続	転換示唆	転換示唆	下げ圧力の強さを示唆	上げ圧力の強さを示唆

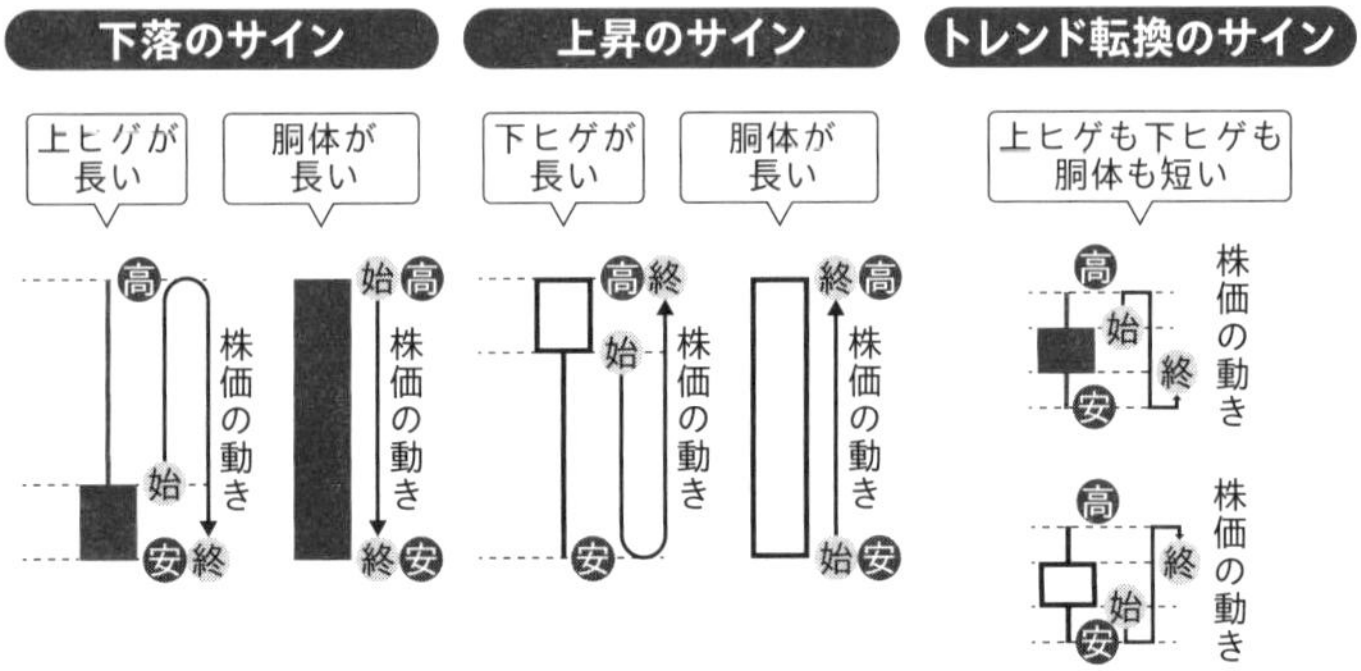

図 32 「移動平均線」で株価の傾向がわかる

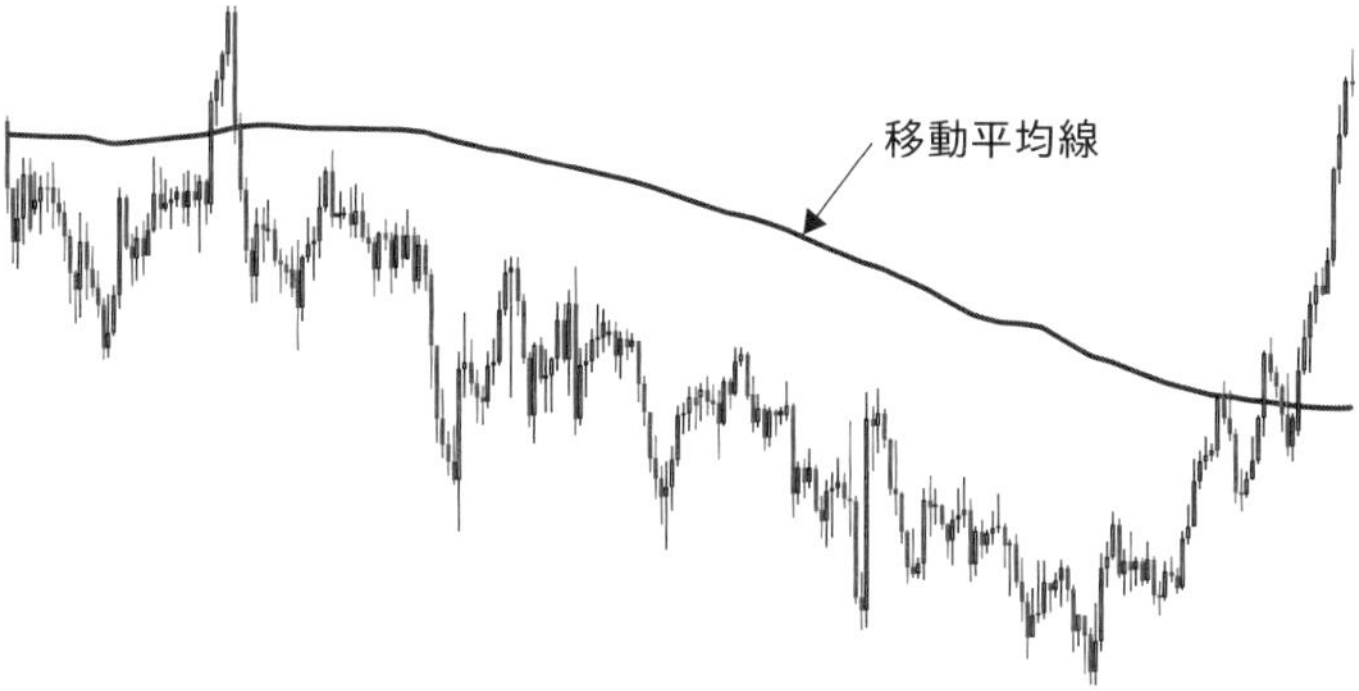

米国株の場合、短期の線として、50日移動平均線、長期の線として、200日移動平均線がよく使われます。

移動平均線は、株価の傾向や相場の方向性を見るヒントとして活用できます。

例えば、移動平均線で短期の移動平均線が、長期の移動平均線を下から上へ突き抜けることを、ゴールデンクロスと言い、これから相場が上昇するサインだとされています。

また、短期の移動平均線が、長期の移動平均線を上から下へ突き抜けることを、デッドクロスと言い、相場が下落するサインとされています。

また、移動平均線と株価はある一定の法則で動くことがわかっています。それを**グランビルの法則**と呼びます。

グランビルの法則とは、米国のチャート分析家ジョセフ・E・グランビルが考案したものです。

株価と移動平均線の組み合わせ、位置によって売買のタイミングを判断するもので、4つの買いタイミングと、4つの売りタイミングがあります。

【買いサイン】

①移動平均線が下落した後、横ばい、または上向きに転じたときに、価格が移動平均線を下から上に突き抜けた場合

図 33　「ゴールデンクロス」は買い、「デッドクロス」は売りのタイミング

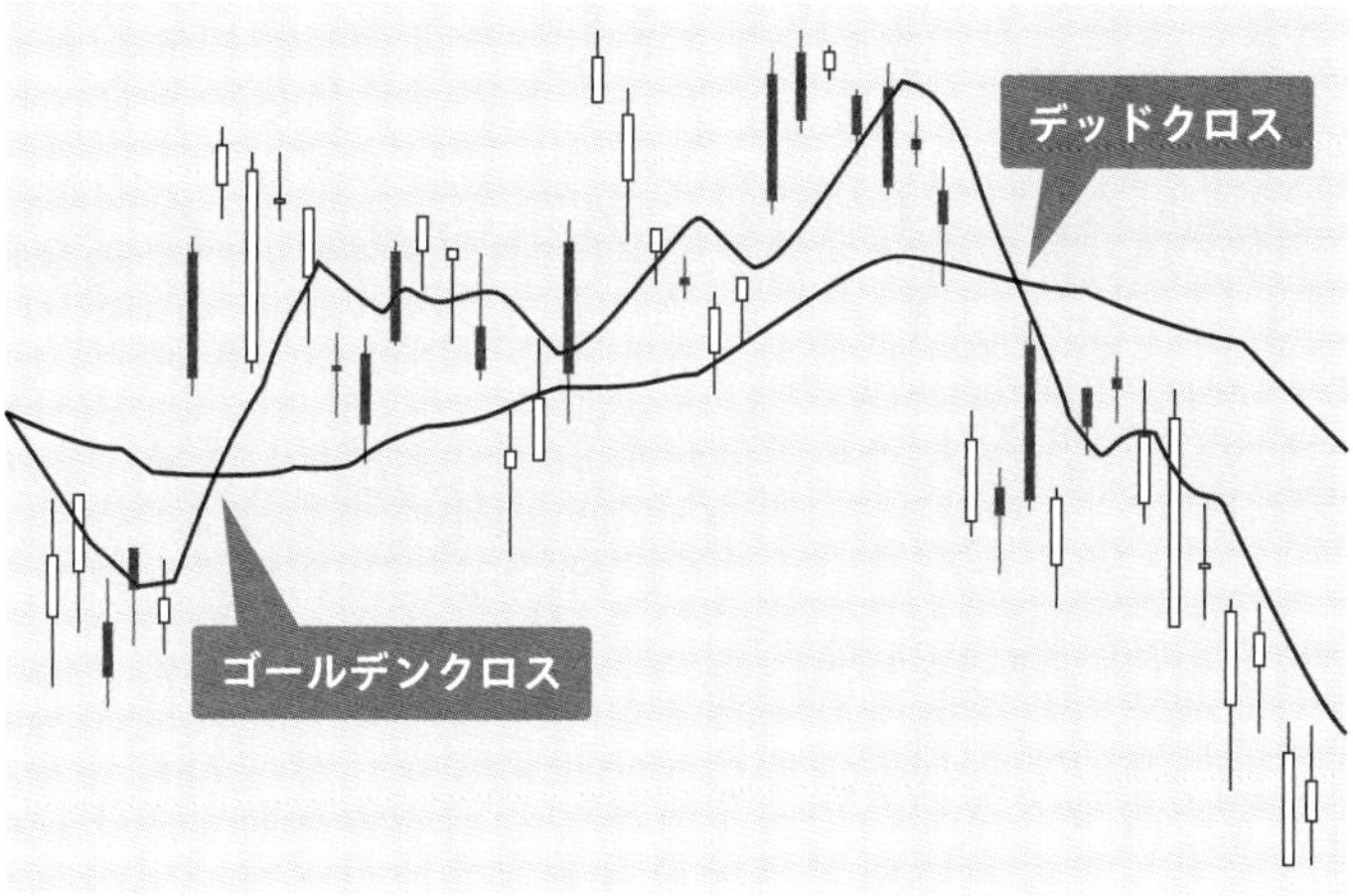

②移動平均線が上向きの時に、価格が一旦下落し移動平均線を下回るも、再度上昇し移動平均線を下から上に突き抜けた場合
③移動平均線が上向きの時に、一旦価格は移動平均線の手前まで下落するも移動平均線を下抜けることなく再度価格が上昇する場合
④価格が移動平均線の下に大きく乖離した場合

【売りサイン】
①移動平均線が上昇後、横ばい、または下向きに転じたときに価格が移動平均線を上から下に抜けた場合
②移動平均線が下向きの時に、一旦価格が大きく下落し再度上昇し移動平均線を上抜けした場合
③移動平均線が下向きの時に、一旦価格が上昇するも移動平均線の手前で止まり再度下落した場合
④価格が移動平均線の上に大きく乖離した場合

これはあくまで基本的なパターンに過ぎず、必ずこの通りに相場が推移するというわけではありません。

図 34　全部で 8 パターンある「グランビルの法則」

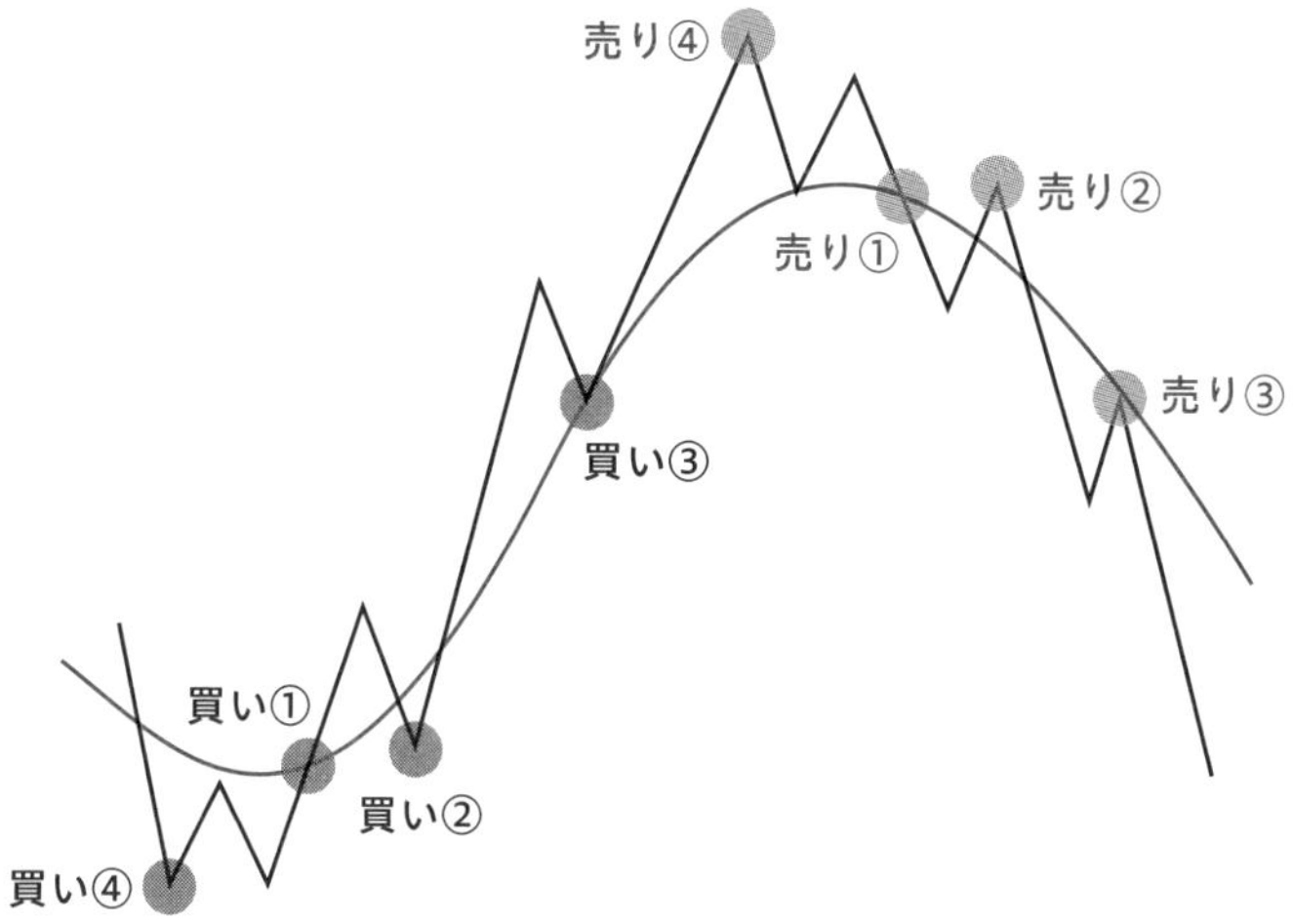

ただ、こういった売買サインを知っているほうが、負けにくく、勝ちやすいのは間違いないでしょう。

▼「トレンドライン」で順張りを心がける

株価は、一直線というより、高値と安値を行ったり来たりしながら、推移するのが普通です。

「トレンドライン」は、安値と安値、高値と高値を結んだ線のことです。安値を結んだ線（サポートライン）から反転して上昇し始めた場合は買い、高値を結んだ線（レジスタンスライン）から反転して下落し始めた場合は売る。これが順張りトレードの基本です。

▼決算や重要指標発表の日はキャッシュを増やす

ぼくは四六時中チャートに張り付くタイプの投資家ではありません。なので、最も避けたかったのは、仕事をしている日中や、夜中寝ている時に市場が暴落して資産が目減りしてしまうことでした。

そこで、大きく動きそうなタイミングの前に、利益や損失を確定して、キャッシュポジ

図35 「上昇トレンド」をつかんで順張りを心がける

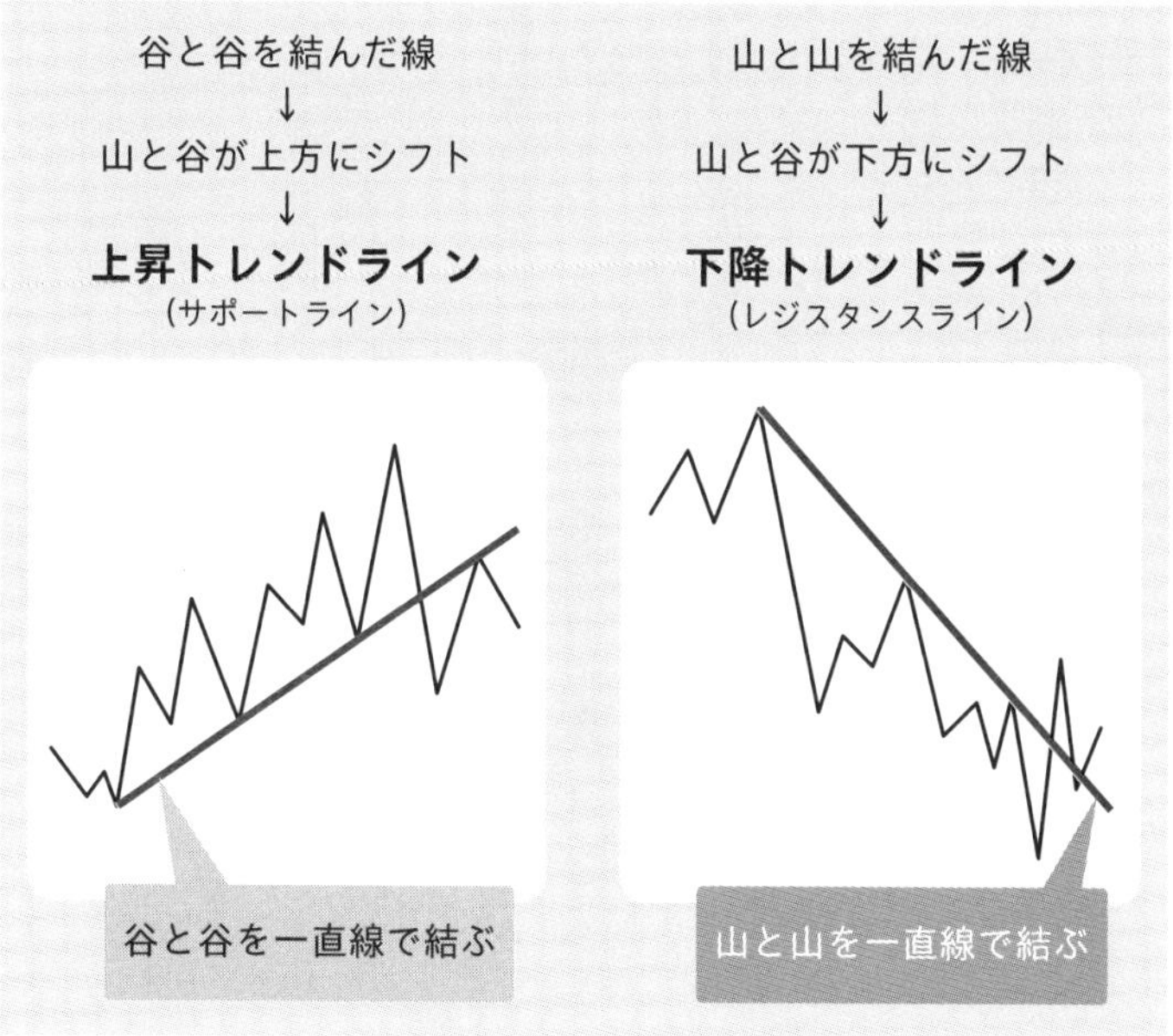

ションを増やすようにしていました。

市場が大きく動くタイミングの代表として、**決算発表日**があります。予想を上回る決算が出れば株価は大きく値上がりしますので、その自信があれば、あえて売る必要はありません。

しかし、予想を下回ると株価は下がることが多いので、決算発表の前までにある程度売却しておいて、結果を見て今後の方針を決めて再度エントリーし直すのが安全策だと思います。

同様に**配当銘柄の権利落ち日後**も、配当を確定させた株主が売り抜けて、株価が下がるケースがあります。こういったタイミングをしっかり把握して、どのくらいの下落まで許容するかをシミュレーションし、意思決定するのがベターです。

その他、**公的機関などの経済指標が発表されるタイミング**も把握しておいた方がよいでしょう。各証券会社が用意するカレンダーのほか、Ｙａｈｏｏ！ファイナンスなどのＷｅｂサイトで確認できます。

▼これだけは知っておきたい経済指標

米国株の場合、特に重要なのは、以下の指標でしょう。

図 36　経済指標のスケジュールを把握しておこう

22:45 重要度：★★★★☆ 09月 製造業PMI	51.8	51.8	
23:00 重要度：★★☆☆☆ 08月 建設支出[前月比]	-0.4%	-0.1%	
23:00 重要度：★★★★★ 09月 ISM製造業景気指数	52.8	52.5	
未定 重要度：★★☆☆☆ 08月 財政収支	-1312.0億ユーロ		
10/04(火)			
08:30 重要度：★★☆☆☆ 09月 東京消費者物価指数（生鮮食料品除くコア）[前年比]	2.6%	2.8%	
08:50 重要度：★★☆☆☆ 09月 マネタリーベース[前年比]	0.4%		
09:30 重要度：★★☆☆☆ 08月 住宅建設許可[前月比]	-17.2%		

（出典）Yahoo! ファイナンス

・国内総生産（GDP）

GDP（Gross Domestic Product 国内総生産）とは、一定期間内に国内で生み出された財とサービスの「付加価値」の総額です。

前に米国経済が圧倒的に強いという話をしましたが、その強さはGDPに現れています。米国のGDPは右肩上がりに伸びており、安定した成長が見て取れます。

試しに日本のそれを見てみると、1990年代後半からほとんど伸びておらず、一進一退の状況が続いています。

株価はGDPに比例する傾向があるため、最重要指標の1つです。

・消費者物価指数（CPI）

物価の変動を表す経済指標です。いわゆるインフレ率の基本データとして、市場関係者からも注目されています。

インフレとはモノの値段が上がることですが、それは「お金の価値が下がる」ことでもあります。

景気の拡大をともなう適度なインフレは経済にとっては良いとされていますが、行き過ぎたインフレは通貨の暴落につながったり、企業業績や家計に悪影響を及ぼします。

図 37　株価は GDP に比例する傾向がある

そのため、CPIが高くなりすぎると、金融政策当局はインフレ対策として、金利引き上げを検討します。

金利を上げると、市中に出回るマネーが減るため、インフレを抑える効果があります。

しかし同時に、企業や個人の経済活動を抑制し、景気が悪化するリスクもあります。

ほか、資金が株式市場から、米国債などへ吸い上げられるため、株価が下がりやすくなります。

こうした転換が起こると、各投資家が資産運用方針を見直すため、通常とは異なる値動きが発生します。

・FOMC声明

FOMCとは、「Federal Open Market Committee（連邦公開市場委員会）」の略で、米国の金融政策決定会合のことです。

FOMCは年に8回開催され、現在の景況判断と政策金利（FF金利）の上げ下げといった方針が発表されます。

金融当局は、一般的に、バブルが過熱してくると金融引き締めに動き、政策金利を引き上げます。逆に景気の悪化が懸念される局面では、金融緩和に動き政策金利を引き下げます。

2020年3月、米国はコロナショック対策として、それまで1・75％だった政策金利を、0・25％まで引き下げます。そこから1年以上、大規模な金融緩和政策が実施されていました。

しかし、2022年になると、CPIの上昇が問題となり、一転して金融引き締めに動いています。2022年11月現在、米国の政策金利の誘導目標は3・75～4・00％に設定されています。

FOMCの発表が市場予想と異なる場合、株式相場や為替レートが大きく変動することがあります。個別の株価もイレギュラーな値動きを見せる可能性があります。

・雇用統計

雇用統計は、米国の雇用や失業の状況を調査したもので、米国経済の最重要指標です。週の労働時間や業種別就業者数など、計10項目以上のデータが発表されますが、注目すべき項目は、非農業部門雇用者数と失業率です。

米国では失業率が3％～4％程度だと、働きたい人がほぼほぼ全員就職できている状態と言われています。

米国経済の約7割は個人消費です。失業率が先ほどの水準に近づくと、個人消費の伸びが期待できますので、経済の好調が予想できます。逆に失業率が高ければ、消費の冷え込みから、経済にマイナスの影響が出てきます。

これらの指標が発表されるタイミングには、事前に関連ニュースをチェックするなど、警戒をした方がよいでしょう

▼「大きな流れ」は資産形成の大チャンス

ここまで、ぼくの個別株投資の実績や、銘柄選定方法について簡単に触れました。

その内容を読んで、こう思った人もいるのではないでしょうか。

「本当にそんな簡単に勝てるの？」

「単にラッキーだっただけじゃないの？」

こう思われた方は、**株式投資のセンスがある**と思います。

ぼく自身、ご指摘の通りだと思います。これまでのやり方で、同じ勝率を毎回実現できるかというと、その自信はありません。

ぼくが勝てたのは、**第２次安倍晋三内閣が発足し、アベノミクスが始まったことによる部分がかなり大きい**と考えています。

▶世界の「大きな流れ」に乗るのが大事

アベノミクスの結果、日本銀行から資金が大量に供給され、**日本円が円安方向に大きく誘導されました。**

ぼくがはじめて米国株を買ったのも同じくらいのタイミングでした。

それまでドル＝円の相場が70円〜80円くらいという円高でしたが、たった3カ月ほどの間に、90円〜100円くらいの円安に振れていったのを記憶しています。

円安は、ドルの価値が上がることを意味しています。それまで1ドル＝70円だったのに、あっという間に1ドル＝100円になったのです。

ぼくが10代のころは、1ドル＝120円〜130円が当たり前でした。そのため、なんとなくそれくらいの水準まで行くんじゃないかと直感し、ドルを全力で買いに行きました。その結果、ドル＝円は120円台まで上昇し、数百万円もの含み益をもたらしてくれました。

これは株式投資ではなかったのですが、その利益を、米国個別株にまわしたのです。

このタイミングでグーグル株を買ったのが、はじめての米国株投資でした。**このグーグル株が、円安進行の影響もあって、2〜3年で倍くらいの金額になってくれました。**

要するに、**難しい取引をしなくても、アベノミクスのタイミングで米国株を買うだけで、資産を2倍、3倍にできたのです。**

この時、ぼくの金融資産は1000万円〜2000万円くらいとなりました。これくら

図 38　アベノミクスの結果、大幅な円安に

（注）週次終値ベース
（出典）Thomson Reuters

いの資産があれば、あとは投資信託や高配当株といった利回り重視のコツコツ型投資でも、アーリーリタイヤを目指せるので、アベノミクス相場は非常に重要でした。

このように、ぼくが投資で勝てたのには、ラッキーだったという面があります。

ただ、そうした幸運をうまく引き寄せられたことも、同じくらい重要だったと考えています。

ある意味、どの銘柄を買うかよりも、いつ買うか、のほうが重要だったと感じました。

つまり、「大きな流れ」に乗れるかどうかが、勝ち負けを左右する重要な要素なのです。

こうした大きな流れは、アベノミクス以降も、3回はあったと思います。

3回とは、中国の経済危機により一時的に米国株が下落した2015年、2017年のトランプ政権発足とそこからの米国株爆上げ、2020年のコロナショックによる大規模金融緩和のことです。

このように「大きな流れ」が、資産形成の大チャンスとなります。

ぼく自身は、トランプ相場で資産が2000万弱から5000万円超になりました。また、ポストコロナ相場で資産が1億の大台を超えています。

「大きな流れ」は、小さな勝ち、あるいは負けだった取引を、大勝ちに変えてくれます。

逆に言うと、「大きな流れ」が起こっている時、逆らった取引をしても、短期的にはとも

図 39　コロナショックで相場が下落するまでタイムラグがあった

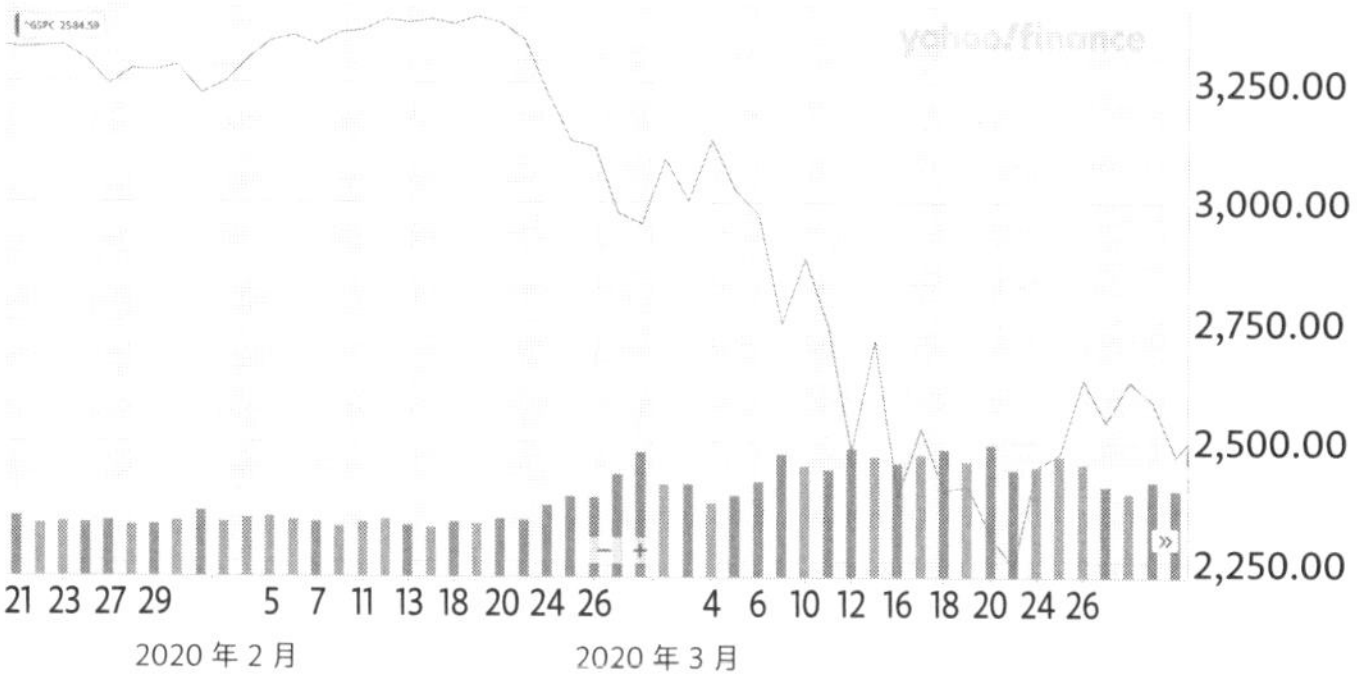

（出典）Yahoo! ファイナンス

かく、中長期的には**まず勝てません。**

また、**「大きな流れ」のチャンスは、誰にでも開かれています。**なぜなら、「大きな流れ」は、**スマホやテレビのニュースを通じて、確実に耳に入ってくる**からです。

ただ、そうしたニュースがただちに値上がり、値下がりをもたらすとは限りません。大抵は数日～数カ月かけて**相場の流れが形成されていきます。**なので、ニュースを見て、それがどう影響するかを考え、数日様子を見てから投資しても間に合うのです。

そうした、**ごく普通の投資を普通にやるだけで、「大きな流れ」に乗り、資産を大幅に増やす**ことができます。

実際、コロナショックですら、米国の主要銘柄の株価が底値に達するまで、1カ月以上かかっています。

この時は一旦株価が下落したのですが、ぼく自身は数日ゆっくり考えて対応し、結果、10％減くらいの比較的軽微な損失で切り抜けました。この程度の被害で済めば、個人投資家の動きとしては100点満点と言っていいでしょう。

「大きな流れ」には絶対に逆らえないので、徹底的に順張りすべきだとぼくは考えています。

STEP2　まとめ

- みんなが買いたいと殺到しそうな株を買うのが重要。多くの人が買いたい株とは、業績がよく、今後も成長し、好業績を更新し続けるであろう会社の株。
- 業績を見極めるうえで、自分が普段から実際に身を置く業界のことはよく分るもの。その点で、兼業投資家にアドバンテージがある。
- 「順張り」を心がけ、大きな流れには逆らわない。

STEP 3

3000万円まで増やせば1億円達成はほぼ確実

▶ STEP3：資産を大きく伸ばした成長期のポイント

時期	2017年～2020年
内容	・米国個別株が数年かけてじりじりと価値を伸ばし、資産が拡大 ・ETFなどの安全資産も取り入れる
資産の規模	3000万円→6000万円
主な出来事	・トランプ相場で米国株が史上最高値へ。 ・引き続き米国個別株への集中投資を続ける。 ・ETFなどの信託商品も取り入れる
主な投資先	・GAFAM銘柄 ・その他IT・ハイグロ銘柄 ・iシェアーズ・コアS&P500 ETF
ポイント	・個別銘柄で利益のアップサイドを狙い、安定資産としてETFを持つスタイルでの運用が確立していく
近しい境遇のみなさんにオススメをしたいこと	・3000万円規模の資産があればETFを買うだけでもよい。 ・節税施策もまじめにやる

▼「複利の力」で1億円を達成する

おめでとうございます!

米国個別株投資によって、**3000万円程度の資産を形成できた方は、金融資産1億円を達成する確率が非常に高くなります。**

そのくらいの**資産があれば、もう高いリスクを取る必要はありません。ローリスクで十分です。**

なぜそんなことが可能なのか。**それは、「複利の力」を借りられるからです。**

複利とは、利子にまた利子がつくことです。

3000万円の元手があったとします。仮に年利5%で運用したとすると、翌年には150万円の利子を得ることができます。この150万円をパーッと散財すると、2年目もふたたび3000万円の元手での勝負になります。

しかし、散財は我慢し、150万円を再投資すると、2年目は3150万円で年利5%の勝負をすることになり、利益は157・5万円となります。

これが「複利の力」です。

ただ、1年~2年くらいでは、複利はたかだか数万円~十数万円程度の違いしかありませんが、これを毎年繰り返すことで、とんでもないことになります。

25年間、年利5％を複利で運用すれば、3000万円が1億円になります。

さらに毎年**200万円ずつ元手を追加したとすると、たった15年で金融資産1億円に到達します。**

もっとも、実際には税金などもありますので、完全にこの通りではありません。しかし、**時間をかけて複利の力を享受することで、誰もが富裕層に近づけるのは**間違いありません。

特に若い世代にとっては、複利の力は大変心強いものです。投資をはじめたころのぼくにとっても、複利の力を活用すれば、**無理なリスクテイクをしなくてもきっとアーリーリタイヤは可能だ、**と思うのに十分でした。

▼ローリスク資産としての米国投資信託

本書の始めのほうでは、「投資信託は買うな」という話をしていました。

それは、少ない元手から金融資産1億円を狙うためには、積極的にリスクを取って、資産を何倍にも増やさないといけないからでした。

投資信託はローリスクな金融商品で、リターンはあまり大きくありません。

しかし、それはあくまで初期の話で、ある程度の資産規模になって以降は、リスクテイ

図 40　複利の力で「15 年で 1 億円越え」も可能

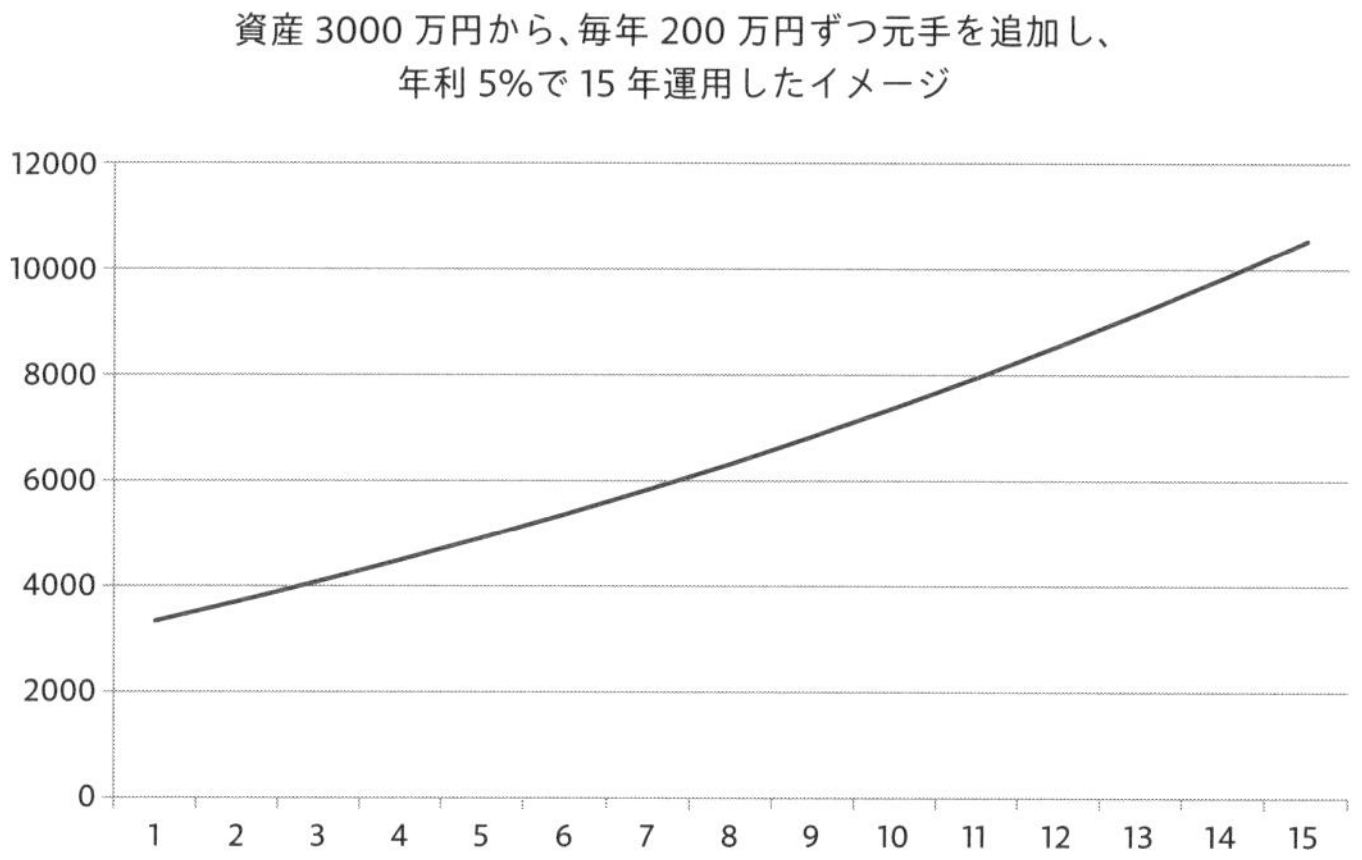

クが必要なくなるので、投資信託を買うことも選択肢に入ってきます。

実際、ぼくも金融資産が3000万円を超えたころから、投資信託を組み入れていくことになります。


以前ご説明した通り、投資信託とは、いわゆる「ファンド」のことです。投資の専門家であるファンドマネージャーにお金を預けて、運用してもらうイメージの金融商品です。代表的なファンド運営企業として、ブラックロックや、バンガード、ステート・ストリートなどがあげられます。

それぞれの運用資産は、ブラックロックが約1000兆円、バンガードが約700兆円、ステート・ストリートが約350兆円となっています。

日本の東証1部上場企業の時価総額合計が600兆円程度ですから、その資産規模の大きさを分かってもらえると思います。

彼らが提供する代表的なインデックス・ファンド（S&P500連動ETF）を以下に挙げておきます。

- ブラックロック　IVV
- バンガード　VOO

・ステート・ストリート SPY

インデックス・ファンドとは、特定の指数と同じ値動きを目指したファンド商品のことです。S&P500や、TOPIXなどの指数に連動するように運用されています。

また、ETFとは上場投資信託のことです。投資信託の中でも、通常の株のように、証券会社を通じて売買できるものを指します。

ほぼすべての商品で年利1%以上の配当が出ますし、S&P500が上昇するとETF自体の価格も上がっていきます。前述した通り、S&P500は年5%以上の成長が期待できます。そのS&P500に連動するこの3つのETFもまた、それくらいのリターンが期待できるというわけです。

もちろん、商品ごとに銘柄や配当実績、手数料は異なりますので、配当も変わってきます。また、運用成績が良い年、悪い年のバラつきもあります。

ただ、**この3つのどれかを買っておけば、年間5%以上の運用成績は堅い、**とぼくは考えています。

チョコの米国株投資のパフォーマンス⑩ iシェアーズ・コアS&P500 ETF

ティッカーシンボル：IVV
株価：200ドル→400ドル（2016年→現在）
パフォーマンス：2倍
▼S&P500の成長にあわせて安定した成長が期待できるため、投資を決断。運用コストの低さも魅力。

iシェアーズ・コアS&P500 ETF（IVV）は、世界3大運用会社の一つであるブラックロックが提供しているETFです。2000年に設定されたIVVですが、今では純資産額は40兆円以上の規模となります。

組み込み銘柄の上位は、

1位	アップル	AAPL	7.1%
2位	マイクロソフト	MSFT	5.6%
3位	アマゾン・ドット・コム	AMZN	3.4%
4位	テスラ	TSLA	2.5%
5位	アルファベット	GOOGL	1.9%

6位	アルファベット	GOOG	1・7%
7位	バークシャー・ハサウェイ	BRK/B	1・5%
8位	ユナイテッドヘルス・グループ	UNH	1・5%
9位	ジョンソンエンドジョンソン	JNJ	1・3%
10位	エクソンモービル	XOM	1・2%

となっており、S&P500の動きに連動しながら堅調に値動きするため、中長期的な米国経済の発展に合わせて、これからもじりじりと値を上げていくことは間違いありません。

IVVの一番の特徴は運用にともなうコストの低さです。

その経費率は0・03%となっており、1000万円をIVVで運用しても3000円しかコストがかかりません。

国内の投資信託では手数料が高すぎることが稀に話題になりますが、この経費率をふまえるとIVVはほぼタダでプロに運用をしてもらえるのと変わらないレベルとも言えます。

ぼく自身、一定の資産形成ができた現在も、IVVは安全資産として考えて、コツコツ運用額を増やし続けています。S&P500自体がじわじわと毎年成長をしていきます。直近5年のトータルでの利回りは16%、これに加えて1%弱の配当が毎年入ってきますので、比較的安心して資産を預けられる形になります。

図 41　i シェアーズ・コア S&P500ETF の推移

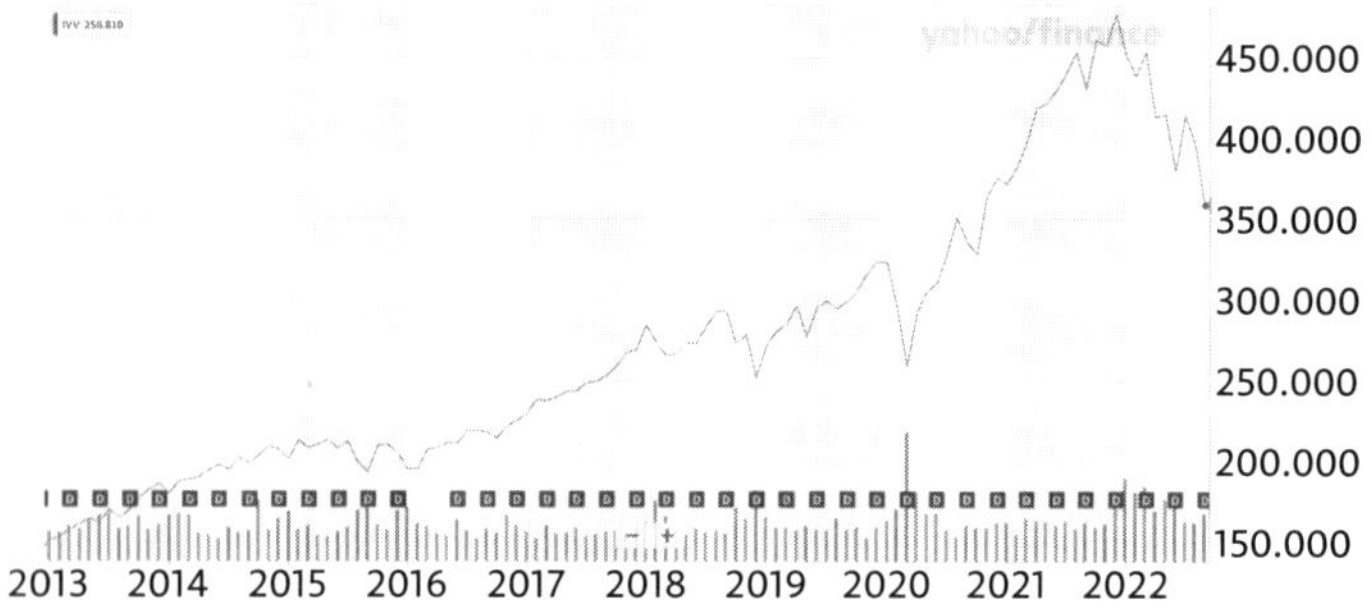

（出典）Yahoo! Finance

2022年段階では世界的な情勢不安やインフレ懸念を背景に価格を下げていますが、むしろ絶好の買い場と見ることもできるでしょう。

チョコの米国株投資のパフォーマンス⑪ バンガードS&P 500 ETF

ティッカーシンボル：VOO
株価：200ドル↓375ドル（2016年↓現在）
パフォーマンス：1・8倍
▼世界2位のファンド運用企業であるヴァンガードが提供。IVVとほぼ同等のコスト・リターン。

バンガードS&P 500 ETF（VOO）は、ブラックロックに次いで世界2位のファンド運営企業であるバンガードが提供するETFです。

VOOの歴史は他の2つに比較して浅く2010年からとなりますが、IVV同等程度規模の総資産額となっています。

経費率もIVVと同じ0・03%、構成銘柄やトータルリターン、配当の分配についてもIVVとほぼ同等です。

S&P500に連動するタイプのETFを購入する場合、基本的には経費率の安さという観点か

図 42　バンガードS&P500ETFの推移

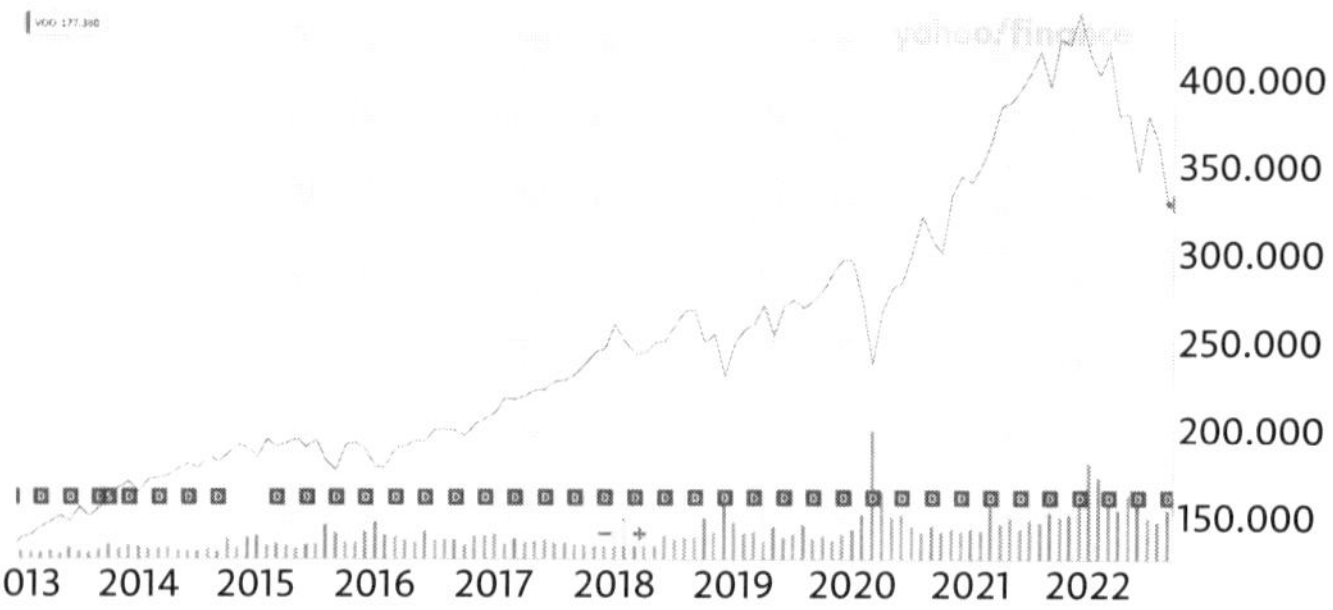

（出典）Yahoo! Finance

ら、ぼくのオススメはＩＶＶかＶＯＯのどちらかです。

ご利用されている証券会社によって、買い付け時にかかる証券会社への手数料が変わったりもしますので、そのあたりを見比べながら、お好みのＥＴＦどちらかを購入されるのがオススメです。

チョコの米国株投資のパフォーマンス⑫　ＳＰＤＲ Ｓ＆Ｐ５００ ＥＴＦ

ティッカーシンボル：ＳＰＹ

株価：２００ドル ↓ ４００ドル（２０１６年↓現在）

パフォーマンス：２倍

▼最も歴史の長いＥＴＦで総資産額も大きいが、運用コストや直近のリターンではＩＶＶ・ＶＯＯに若干劣る。

ＳＰＤＲ Ｓ＆Ｐ５００ ＥＴＦは、ステート・ストリートが提供するＳ＆Ｐ５００連動型のＥＴＦで、１９９３年に米国発のＥＴＦとして設定された最も歴史の長いＥＴＦです。その歴史の長さからか、総資産額も他の２つより大きく60兆円近くの規模となっています。

一方で経費率が他の２つよりも高く、０・09％程度（それでも国内投資信託に比べるとはるかに良心的ではあるのですが）となっており、直近５年の運用パフォーマンスや配当利回りでもＩＶＶ、

図 43　SPDR S&P500 ETF の推移

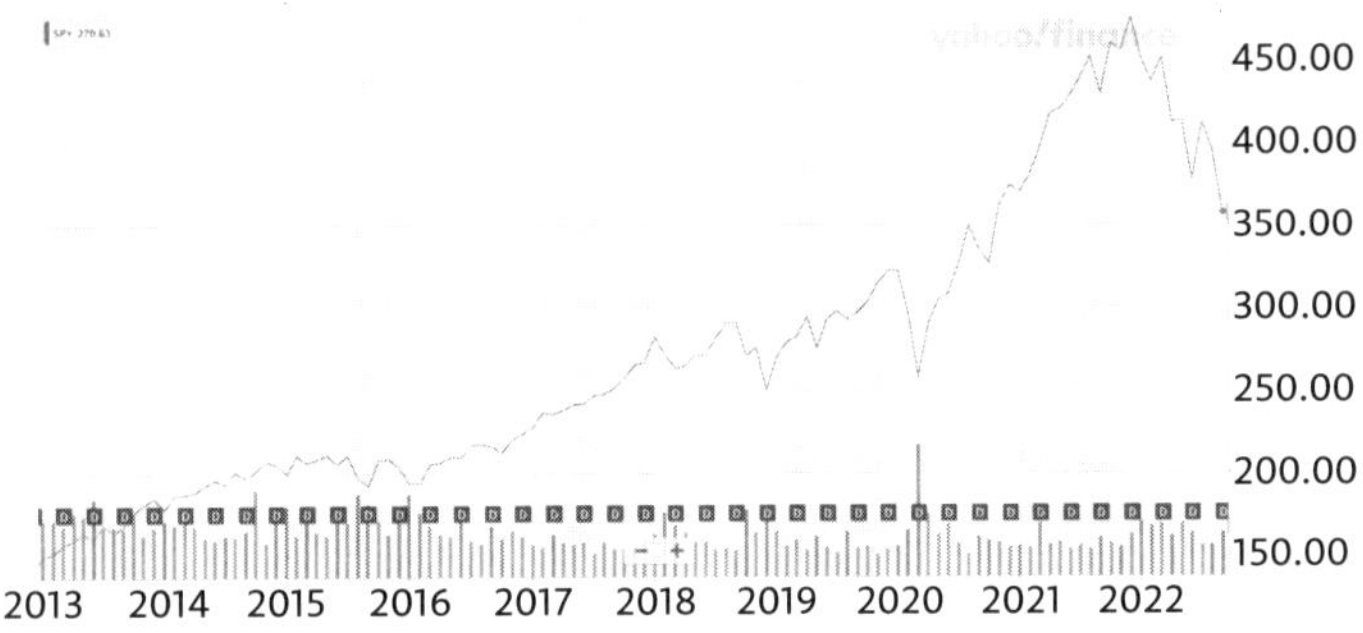

（出典）Yahoo! Finance

ＶＯＯに若干劣る成績となっています。そのため、個人的にはＩＶＶかＶＯＯを選んでおいた方がよいかなと思っています。

ＥＴＦは個別株ほど値上がりすることはありませんが、米国経済を反映した指数に連動しますので、米国が強さを発揮し続ける限り、価格上昇が期待できます。

Ｓ＆Ｐ５００連動型のＥＴＦ以外に、ＩＴや医療など特定の産業領域の銘柄に絞った投資信託や、毎年の配当金額を重視した投資信託もあります。

ある程度の資産を形成できてからは、ＥＴＦ・投資信託をメインに投資することも１つの手法だと思います。

▼誰でもできる「節税」

忘れてはならないのが税金の存在です。

税金は、株の含み益を確定させた時にも、配当金を受け取る時にも発生してしまいます。前者には譲渡所得税が、後者には総合課税もしくは申告分離課税が、それぞれ20・315％ずつ発生します。

納税は国民の義務であり、脱税行為は犯罪です。収益に対する税金はきちんと支払わなければなりません。しかし投資家にとって、２割以上も儲けが目減りするのは大きな問題です。可能な範囲で節税ができれば、それに越したことはありません。

ぼくも資産規模が1000万円を超えたことから、節税に取り組みはじめました。

代表的な節税方法を以下にご紹介します。

・NISA

NISAとは「少額投資非課税制度」のことで、投資で得た利益が一定期間非課税になります。

NISAには「一般NISA」と「つみたてNISA」の2種類があります。(「ジュニアNISA」は2023年で終了予定)。その大きな違いは非課税期間と年間非課税枠です。

注意が必要なのは、NISA口座は「1人1口座」しか持てないことです。そのため、一般NISAとつみたてNISAのどちらかを選ぶ必要があります。

資産の総額が少ない時は、リスクを取って個別株で勝負する、というのがぼくの考えです。なので、投資信託による積立投資は行わないので、つみたてNISAはぼくは使いませんでした。

しかし、投資信託やETFでコツコツ運用する方の場合は、つみたてNISAのほうが

図44　NISAには「一般NISA」と「つみたてNISA」の2種類がある

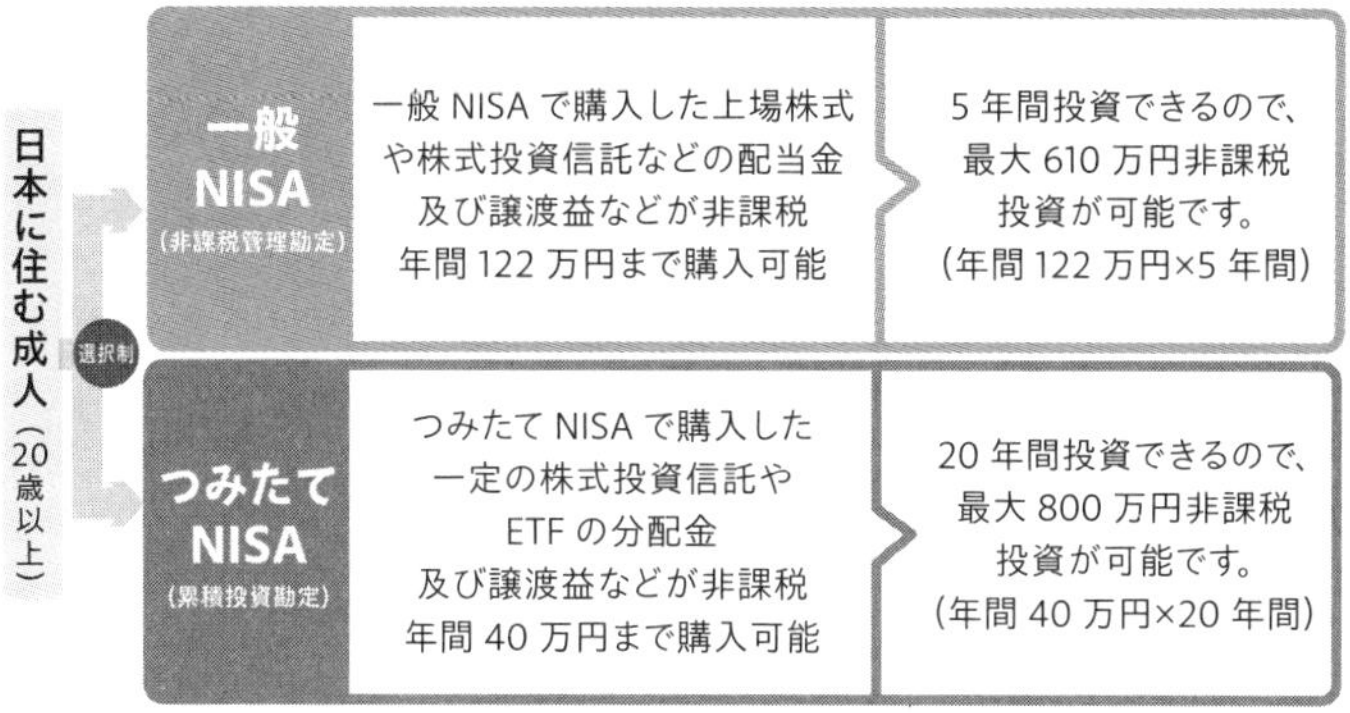

日本に住む成人（20歳以上）	**一般NISA**（非課税管理勘定）	一般NISAで購入した上場株式や株式投資信託などの配当金及び譲渡益などが非課税　年間122万円まで購入可能	5年間投資できるので、最大610万円非課税投資が可能です。（年間122万円×5年間）
	つみたてNISA（累積投資勘定）	つみたてNISAで購入した一定の株式投資信託やETFの分配金及び譲渡益などが非課税　年間40万円まで購入可能	20年間投資できるので、最大800万円非課税投資が可能です。（年間40万円×20年間）

※同一年中に一般NISAとつみたてNISAを同時に利用することはできません。

望ましいケースもあるでしょう。

・iDeCo

個人型確定拠出年金（iDeCo）は、積み立てた掛金を、原則60歳以降に受け取る仕組みです。いくら積み立てるか、どんな金融商品で運用するか、いつ、どのように受け取るかを自分で決められます。

iDeCoの最大のメリットは、資金の拠出、運用、受け取りの3つの時点で税制優遇を受けられる点です。

まず、iDeCoの掛け金は原則全額が所得控除となりますので、所得税・住民税の負担が減ります。

次に、運用益も非課税となります。

iDeCo口座内で売買した投資信託については、売却益や配当（分配）が全額非課税になります。iDeCo口座で定期預金した場合、その利息も全額非課税です。

さらに、受取時は一時金または年金どちらを選択しても控除を受けられます。一時金として受け取る場合は退職所得控除、年金として受け取る場合は公的年金等控除が利用できます。iDeCoのデメリットは、60歳まで資金の引き出しができないという点です。

このため、iDeCoは長期運用と割り切って、安定型資産の運用を中心に積み立てを

図 45　iDeCo のメリットは税制優遇

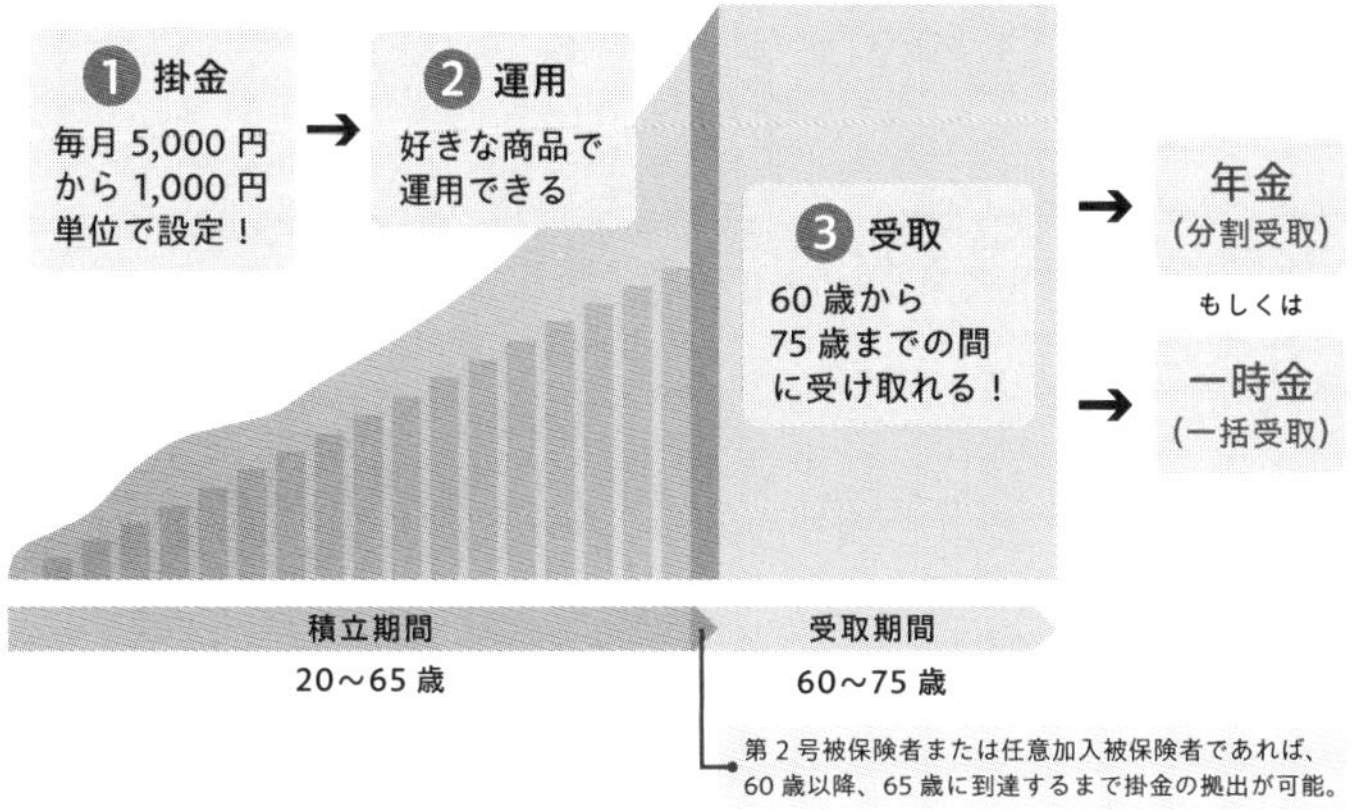

❶ 掛金
毎月 5,000 円から 1,000 円単位で設定！
❷ 運用
好きな商品で運用できる
❸ 受取
60 歳から 75 歳までの間に受け取れる！
年金（分割受取）
もしくは
一時金（一括受取）
積立期間
20～65 歳
受取期間
60～75 歳
第 2 号被保険者または任意加入被保険者であれば、60 歳以降、65 歳に到達するまで掛金の拠出が可能。

行うのがベターでしょう。

・資産管理会社

資産管理会社とは、自分の資産を自分で運用・管理する目的で立ち上げる会社です。税制面で優遇されるためメリットが期待されます。

第1のメリットは、経費として計上できる支出が増えることです。

個人の兼業投資家の場合、年末調整時に経費化できるものは保険料など限定的です。しかし資産管理会社を設立すれば、業務に関わる範囲内で、家賃や旅費交通費、設備費なども経費として処理できます。

第2のメリットは、所得税率を低減させられる可能性がある点です。

所得税・住民税は最大で約55％ですが、しかし、資産管理会社の実効税率は多くの場合約23％と、所得税・住民税より負担が軽減されます。

また、家族に仕事を手伝ってもらっているケースなどでは、家族を社員として給与を支払うことで、所得を分散させ、所得税を軽減する効果もあります。

設立の費用や、法人税がかかることなど、デメリットもありますが、それを考慮してもなお、余りあるメリットを享受できます。

設立については、税理士や司法書士と相談してみましょう。

STEP3　まとめ

- ある程度の資産規模になれば、「複利の力」でどんどん増えていく。資産3000万円を達成すれば、リスクを取らなくても1億円まで増やすことが可能。
- ローリスク資産としてETF・投資信託を活用し、可能な範囲で節税対策も取り組む。

STEP 4

「攻めと守りのポートフォリオ」で1億円を超える

▶ STEP4：ポストコロナ期のポイント

時期	2020年～2022年
内容	・コロナ後、米国個別株、ETFが爆伸びする ・確定利益でポートフォリオの分散を意識し、バリュー株などのローリスク商品と仕組債などのハイリスク商品とを組み合わせる形に
資産の規模	6000万円→18000万円
主な出来事	・多くを利益確定してポートフォリオの形成を図る
主な投資先	・GAFAM銘柄 ・その他IT・ハイグロ銘柄 ・バリュー銘柄 ・iシェアーズ・コアS&P500 ETF ・仕組債
ポイント	・コロナショックを最低限に抑えることができ、その後の金融緩和の波に乗ることができた。 ・ポートフォリオを組んで狙い通りの運用ができた。
近しい境遇のみなさんにオススメをしたいこと	・ハイリスクな商品、ローリスクな商品を組み合わせながら、どう転んでも一定の利益が得られるポートフォリオを形成する。 ・景気変動は必ずある。兆候を捉えてすぐに行動をする。

▼1億円目前では「ポートフォリオ」が重要

さて、資産3000万円を、複利の力を使ってほぼ倍、6000万円ほどに増やすことができました。ここまで来ると、いよいよ億越えが現実味を帯びてきます

この頃のぼくの金融資産のポートフォリオは以下のような構成でした。

・グーグル、フェイスブック、マイクロソフト、アマゾン、アップルのGAFAM銘柄　約3000万
　↓安定しており、継続的な伸びが期待できる資産として
・ネットフリックス、ペイパルなど、その他IT銘柄　約1000万
　↓2倍、3倍の値上がりを狙う資産として
・iシェアーズ・コアS&P500（ETF）　約2000万
　↓ガチガチの安定資産として

ETFに投資した2000万は、もともとはIT系個別株で運用していた資金ですが、ある程度資産規模が大きくなったので、リスクのある個別株から、安定資産へ振り向けることにしました。

その後、前述の通り、コロナショックのタイミングで、一度キャッシュを増やしました。

その際に考えたのは、「コロナ後に大きく伸びる銘柄を探そう」ということです。

それまで、IT株に特化した投資だったのですが、一つの分野だけに投資するのはリスクが高いと思い、別のセクターの勉強もして、リスクを分散していこうと思いました。そのため、GAFAMほか、IT銘柄の一部を利益確定し、別の個別株に資金を振り向けました。

それに加えて、ETF・投資信託にも新たな考え方を導入しました。それまで保有していた、S&P500に連動する安定型のETFに加えて、NASDAQ指数にレバレッジをかけ、よりハイリターンを狙うものや、後ほどご説明する「仕組債」などを組み込むことにしました。

その後、米国ではコロナ対策として大規模な金融緩和を実施したことで、新たに投資した銘柄が短期間のうちに大きく成長します。

それによって、ぼくの資産総額も急激に伸び、1・8億円を超えました。

その時のポートフォリオは以下のような構成でした。

・グーグル、フェイスブック、マイクロソフト、アマゾン、アップルのGAFAM銘柄
約6000万

↓安定しており、継続的な伸びが期待できる資産として

・ネットフリックス、ペイパルなど、その他IT銘柄　約2000万

↓2倍、3倍の値上がりを狙う資産として

・コロナ後を意識した銘柄　2000万

↓IT領域以外で2倍、3倍の値上がりを狙う資産として

・仕組債　約5000万

↓ハイリスク資産として

・iFreeレバレッジ　NASDAQ100　約1000万

↓ハイリスク資産として

・iシェアーズ・コアS&P500　ETF　約2000万

↓ガチガチの安定資産として

▼「卵を全部割らない」ための投資

「卵を一つのかごに盛るな」という格言については、以前もご紹介しました。

資産規模が大きくなればなるほど、リスクをとらなくても資産を増やすことができるようになります。そのため、投資のポイントが「2倍、3倍に値上がりする株をいかに見つ

ける か」から、「コロナショックのような変動があってもいかに資産を減らさないか」へ移ってくるのです。

「卵を全部割ってしまわない」ためには、**1銘柄に全財産を割り振るより、性質や値動きの異なる複数銘柄に分散し、リスクセーフに運用する**ことが大事になってきます。

以前触れた通り、投資初期には、この考え方はおすすめしません。しかし、**金融資産規模が数千万円を超えてくると、「卵を1つのかごに盛らない」ことが非常に重要**だと思います。

そのためには、いわゆる**ポートフォリオ**の考え方が重要になってきます。

「ポートフォリオ」とは、特定の金融商品だけに投資するのではなく、複数商品に投資して、リスクを分散させることを指します。

投資、特に個別株投資は、必ず当たるとは限りません。不確実さがあり、損をすることもあります。もし損をしてしまった場合でも、資産を分散させていれば、傷つくのはごく一部で済みます。

また、ポートフォリオは、そうした分散投資の「内訳」の意味でも使われます。自分の金融資産の内訳を円グラフなどの形で整理しておくと、自分がいま、どんな資産をどのくらい保有しているのか、わかりやすくなり、いま現在の投資方法が適切かどうかを、判断しやすくなります。

図 46　卵を全部割らないためにポートフォリオを組み、複数銘柄に分散しよう

年金積立金管理運用独立行政法人の
基本ポートフォリオ

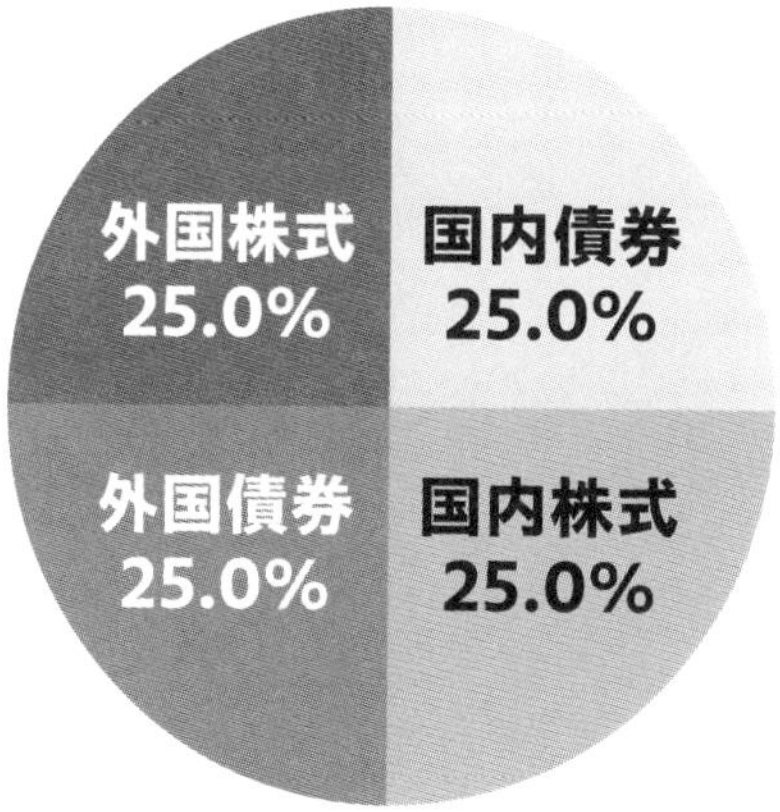

※ 2021 年度実績
（出典）年金積立金管理運用独立行政法人

ぼくは比較的リスクをとって資産運用しているほうです。しかし、それでも投資信託など安定資産や、値崩れしなさそうな銘柄を一定程度持つようにしています。

自分の資産規模や目的に応じて、どのような資産をどのくらい持つべきかを考えることがとても大切だと思います。

▼「レバレッジ型投資信託」でより早期のFIREを目指す

一定の資産規模まで増やし、そこからは安全な投資によって1億円を目指す。

これこそ、誰にでも実現可能で、かつ、リスクの少ない手法だとぼくは思います。

一方、もっとリスクを取って、より早期に1億円を達成するという方針も考えられます。

実際ぼく自身も、ある程度のリスクを取って、10年程度で1億円を達成しています。

もっとリスクを取る方法として、ある程度資産ができて以降も、個別株投資で2倍、3倍を狙う、ということも考えられます。

ただ、個別株が期待通りに値上がりするとは限りません。損失を抱える可能性もあります。これは資産が少ない初期ならいいのですが、ある程度の資産を持ってからは、ハイリスクな取引と言えるでしょう。

あるいは、信用取引という方法もあります。証券会社に担保を差し出し、資金を借りて、手持ち資金以上の取引を行うというものです。

信用取引によって、早期に資産形成できる場合もあるでしょう。ただ、これは要するに借金ですので、期待通りの値動きにならなかった時、大きな損失を抱えてしまうリスクがあります。ぼく自身は信用取引の経験はありません。

そうしたハイリスクな取引よりも、ややリスクを抑えて、ハイリターンを狙う方法があります。**それが「レバレッジ型投資信託」と仕組債です。**

S&P500などの指数に連動する投資信託については、先にご説明しました。レバレッジ型投資信託が連動するのは、S&P500などの指標の騰落率に対してプラス○倍、のように計算された指標です。

レバレッジとは「てこ」からきた言葉。あたかも「てこの原理」のように、利益を何倍にも増やすよう設計されているのです。

例えば、「楽天レバレッジ　NASDAQ100」というレバレッジ型投資信託があります。これは、米国NASDAQ（ナスダック）市場の代表的な企業の株式で構成されるNASDAQ100指数の、2倍程度の値動きを目指しています。

また、TQQQという米国のETFは、同指数の3倍の値動きを目指しています。

このNASDAQ100指数は、S&P500よりも米国ハイテク企業の割合が高く、直近10年間で＋286％と、S&P500の約2倍のリターンを示しています。

そのNASDAQ100指数に、更にレバレッジをかけ、大きな利益を目指す投資商品が、2020年前後に一大ブームとなりました。

ぼく自身も、このレバレッジ型投資信託によって、一定の資産をつみあげました。

こうしたレバレッジ型投資信託は、指数上昇時には、利益が2倍、3倍となりますが、下落時にも損失が2倍、3倍となります。信用取引のように借金をするわけではありませんが、いずれにしろハイリスクな商品です。

特に、執筆時点の2022年前半は、米国で政策金利が引き上げられたことから、NASDAQ100は大きく値を下げています。

そのため、レバレッジ型投資信託を保有していた場合、大きな損失となった可能性が高いです。そうした影響もあってか、現在、レバレッジ型投資信託について、肯定的な意見はめっきり減っています。

しかし、過去20年近く株式市場を牽引した米国ハイテク株が、今後も成長を続けるのは間違いない、とぼくは考えています。

現状は値を下げていますが、再び上昇トレンドとなった時、レバレッジ型投資信託などの手法は、資産を形成するうえで、強力な手法となるでしょう。

図 47　「レバレッジ型投資信託」はハイリターンが狙える

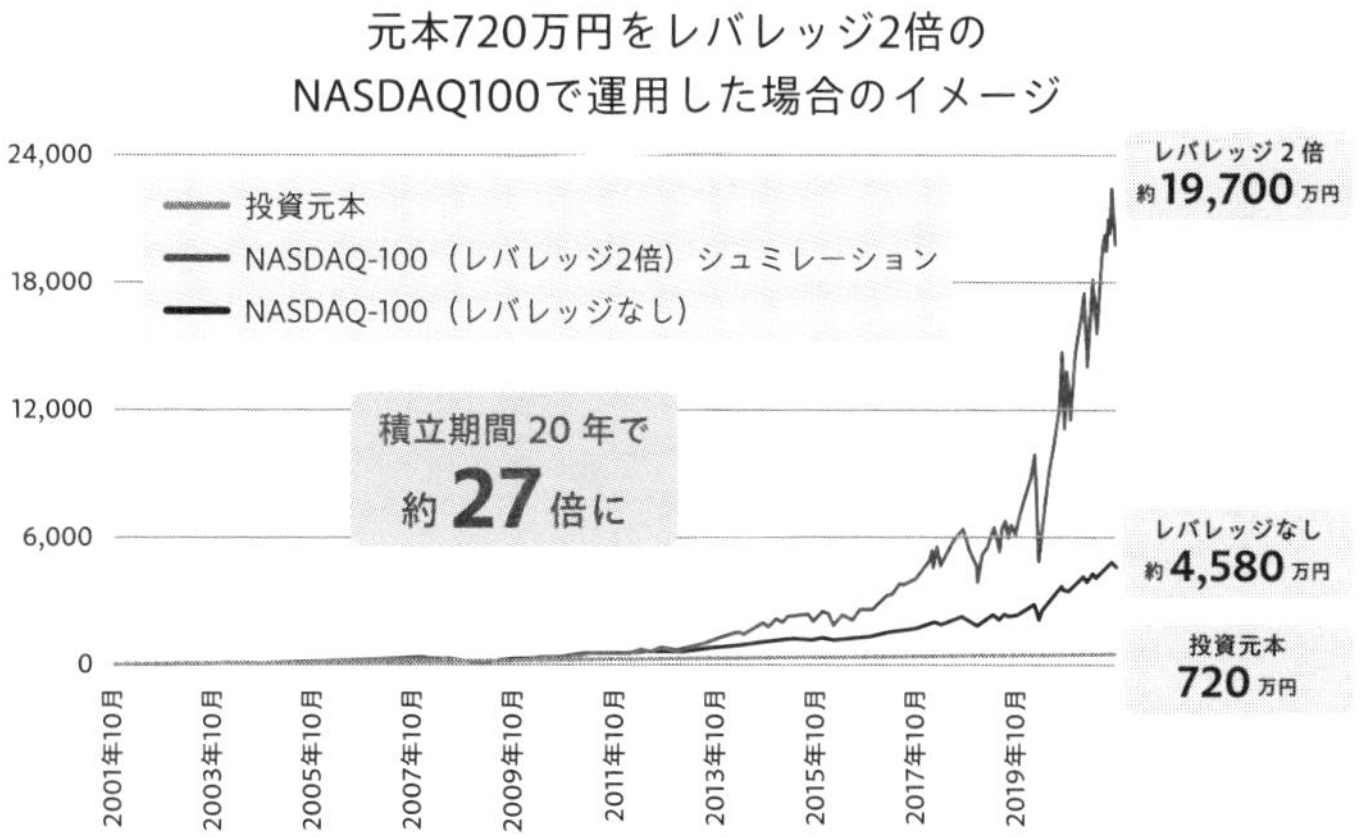

（出典）楽天証券 HP

▼リスクと引きかえにハイリターンを狙える「仕組債」

レバレッジ型投資信託のほかにも、適度なリスクでハイリターンを狙える金融商品があります。

それが「仕組債」です。

仕組債の「債」とは、「債券」のことです。この本では基本的に米国個別株などの「株式」投資についてご説明してきましたが、「債券」は株とは本質的に違うものです。

債券とは、国や特定の企業が資金を借りるために発行するものです。債券を買った人は、国や企業にお金を貸したことになります。

ちなみによく似た言葉である「債権」とは、元本や利息などの支払いを要求できる権利のことです。「債券」を買った人は、国や企業に対して「債権」を有しています。

債券の例として、ソフトバンクグループの社債の概要を載せておきます（図48）。

この社債の利率は年6％で、最大10年間、利息を得ることができます。ソフトバンクグループが債務不履行にならない限り、元本は毀損しません。そのため、比較的安全な資産運用先と言えます。

一般に大手企業が発行する社債の利率は数％程度、国が発行する国債は1％前後から数％までさまざまです。

図 48 大手企業の社債は比較的安全な資産運用先

ソフトバンクグループの米ドル建普通社債

	2025年満期 米ドル建 普通社債	2026年満期 米ドル建 普通社債	2028年満期 米ドル建 普通社債	2031年満期 米ドル建 普通社債
1. 発行総額※1	5.5億米ドル （611億円 相当）	8.0億米ドル （889億円 相当）	10.0億米ドル （1,111億円 相当）	15.0億米ドル （1,667億円 相当）
2. 発行価格	額面の100%			
3. 利率	年3.125%	年4.000%	年4.625%	年5.250%
4. 利払方法	年2回 1月6日及び7月6日			
5. 年限	3.5年	5年	7年	10年
6. 償還期限	2025年 1月6日	2026年 7月6日	2028年 7月6日	2031年 7月6日
7. 償還方法	額面の100%を満期一括償還			
8. 期限前償還	償還期限の90日前（同日を含む）から償還期限までにおいては、額面の100%で本社債の全部又は一部を償還可能。償還期限の90日前までは、額面の100%にmake-wholeプレミアムを加えた金額で本普通社債の全部又は一部を償還可能			
9. 払込期日	2021年7月6日（予定）			
10. 募集地域	欧州・アジアなどの海外市場（日本及び米国を除く）			
11. 募集対象	機関投資家（米国人を除く）			

(出典) ソフトバンクグループ HP

一方、**仕組債とは、債券にいろいろな「仕組み」を組み込んだものです。「仕組み」としては、金利が低下した時に利率が増加する、あらかじめ約束した価格で売買できる、あるいは債券の対象を複数銘柄に増やす、など、いろいろなバリエーションがあります。こうした仕組みを何重にも組み合わせることで、利率を引き上げているのが仕組債です。**

具体例として、ぼくが某社から個別組成を受けた仕組債を挙げておきます（図49）。

ぼくの場合、**金融資産が５０００万を超えたあたりで、大手証券会社や独立系フィナンシャルアドバイザーから、こうした仕組債を提案されました。**つまり、一般向けに売り出しているものではありません。一定の資産を持つ顧客だけに、こうした金融商品を売っているのです。見てもらえばわかる通り、かなりの高利率となっています。

こうした商品の存在を知った時は、**今まで通常の投資で一生懸命資金を増やしてきたのがバカらしく感じるほどの高金利**に、正直驚きました。

ただ、こうした仕組債は、ハイリターンな分、それに応じたリスクがあるので、「上級国民向けのうまい話」というわけではないのです。

仕組債には、通常の債券と同じように、債券発行者の倒産などで、利払いや元本償還が止まるリスクがあります。ほか、債券が値下がりする価格変動リスクや、債権を売ろうとしても、買い手が見つからない流動性リスク、外貨建て債券の場合は為替リスクもありま

図49 「仕組債」はハイリターンだが、それに応じたリスクがある

<有価証券の内容>（例）

証券の名称　〇〇〇〇〇〇
銘柄コード　XX－XXX－XXXX
発行地　〇〇市場
発行体　〇〇〇証券株式会社
格付け　AAA
シリーズ番号　999999
参照資産　〇〇〇〇〇〇〇
発行額　1億円
発行日　2022年X月X日
償還日　2023年X月X日
期間　〇ヶ月
利払日　毎月〇日の年12回払い
利息起算日　2022年X月X日
利率(年率)　38.00%
以降、償還日まで
a）全ての参照銘柄において、利率参照価格が、対応する利率基準価格以上だった場合 38.00%
b）参照銘柄のいずれか一つ以上において、利率参照価格が、対応する利率基準価格未満だった場合
1.00%
償還価格　期限前償還条項が適用されなかった場合、一券面あたり
i）ノックイン参照期間中、全ての参照銘柄において、ノックイン参照価格が、すべて対応するノックイン基準 価格を超えていた場合(ノックインしなかった場合)
100%で償還
ii）ノックイン参照期間中、参照銘柄のいずれか一つ以上において、ノックイン参照価格が、一度でも対応 するノックイン基準価格以下になった場合(ノックインした場合)
a）全ての参照銘柄において、償還参照価格が、対応する転換価格以上だった場合
100%で償還

す。

また、仕組債ならではのリスクとして、ノックインやノックアウトといって、参照指数があらかじめ定めた水準を下回る／上回ることで、利率や元本が大きく変動することがあります。

仕組債にはこのように多くのリスクがあるため、一般には「ハイリスクなわりにリターンが低い」商品とされがちです。

一部の金融機関が十分な説明を行わないままこうした仕組債を個人投資家に販売し、価格変動リスクによって、投資家が思ってもみなかった損失を被る事例がニュースになっています。

もちろん、リスクをちゃんと説明しない金融機関の販売手法には問題がありますが、仕組債そのものまで問題視するかどうかは投資家次第ではありません。個人投資家がその商品にどういったリスクがあるかを正しく理解し、リスクに見合ったハイリターン商品として資産形成に役立てられるなら、一つの選択肢たりえます。実際、ぼく自身は仕組債で利益を上げることができています。

証券会社によっては、投資家の要望にあわせて、リスクを低減するように仕組債をカスタマイズしてくれることもあります。担当者やディーラーと適切にディスカッションすることが重要だと思います。

図 50　守りだけでなく攻めも行い、スピード感をもって資産形成する

虎の子の 2000 万 ETF 中心に 7-8%の利回り	ちびちびこつこつ 安定資産として ETF で運用して、 最悪の事態があって それ以外の余剰資産が吹き飛んでも 時間をかけさえすれば FIRE を狙える
それ以外の余剰資金 1 億超 個別株や仕組債で 短期に倍増	ハイリスクどんとこいで運用して、 数年でこれ自体を 2 倍、3 倍にしていく

また仕組債は、大手証券会社と付き合ううえでも重要になってきます。大手証券会社で大型の仕組債を買うと、得意客認定されるのか（あるいは、カモ客と見られているのか）、普通なら買えないＩＰＯ（新規公開）株やＰＯ（公募・売出）株などのローリスク・スーパーハイリターン銘柄の抽選が、何故かガンガン当たったりします。

こうした副次的なメリットも込みで考えると、仕組債は必ずしもローリターンではないと思います。

5000万円を年率40％で回し続ければ、たった2年程度で1億円を超えます。こんないい手法は使わない手はないと思います。

▼「コロナ後に伸びる」銘柄を見逃すな

すでにお話ししたように、コロナショックで株価が下落した際、一時的にポジションを売却してキャッシュを増やしました。

その後、「コロナ後」を見据えて、アフターコロナで伸びそうな株に再投資し、その株が大きく伸びたことで、資産1億円を達成することができました。その時投資した銘柄について触れたいと思います。

チョコの米国株投資のパフォーマンス⑬

ズーム・ビデオ・コミュニケーションズ(Zoom Video Communications)

ティッカーシンボル：ZM
株価：150ドル → 450ドル（2020年 → 2020年）
パフォーマンス：3倍

▼コロナで日本全国の会社がリモートワークを導入すれば伸びると思い投資。1年足らずで株価は3倍に。

ズーム・ビデオ・コミュニケーションズは、ビデオ会議やWeb会議プラットフォームを提供する企業です。

アメリカに本拠を置き、コロナショック後の短期間で最も株価が加熱した銘柄の1つと言えます。

コロナショックのタイミング以降、自分の勤めていた会社でも例に漏れずリモートワーク化が進みました。その中でZOOMに接する機会が増えたことは、みなさんも想像に難くないと思います。

ぼくの会社だけでなくて、日本全国の会社がいきなり全部このサービスを使いだすとなるとすごいことだなと思い、投資を行いました。

2020年度の売上が6億ドル程度だったところ、2021年度には前年比325・8%増の26億ドルまで伸びています。1年足らずで株価は3倍になったわけです。

なお、コロナ収束後は低成長のトレンドとなっています。

図 51　ズーム・ビデオ・コミュニケーションズの株価の推移

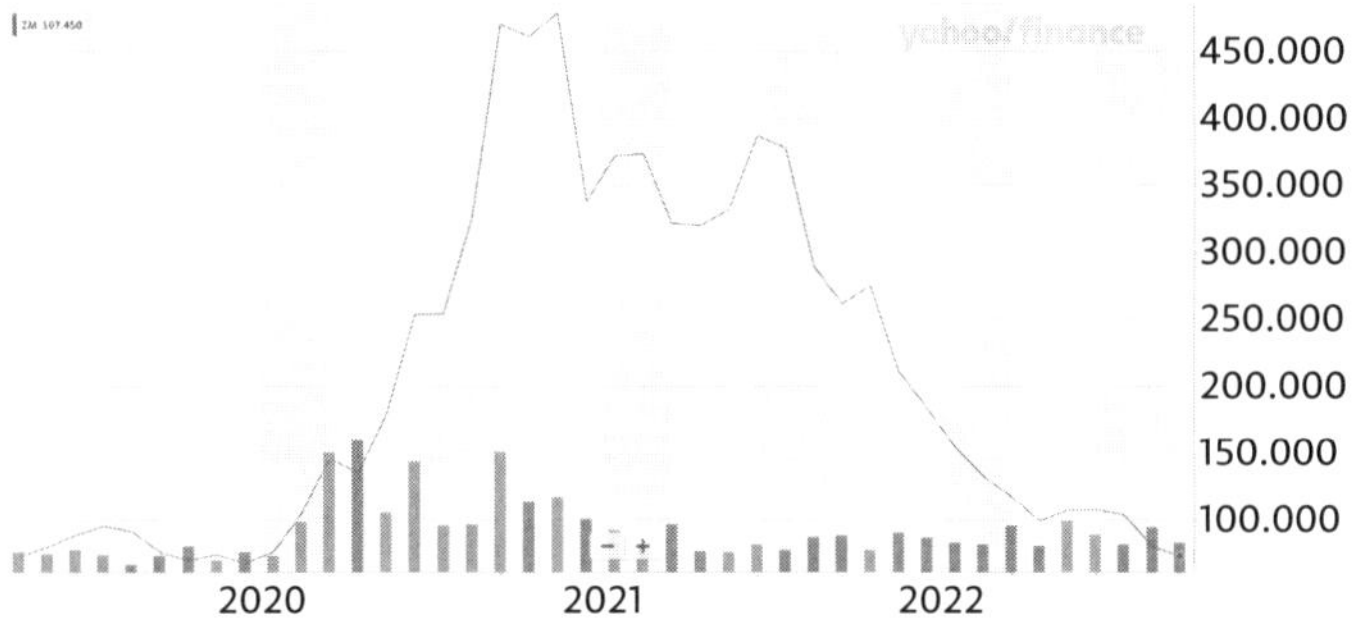

（出典）Yahoo! Finance

チョコの米国株投資のパフォーマンス⑭ **ドキュサイン（Docusign）**

ティッカーシンボル：DOCU

株価：100ドル → 250ドル（2020年 → 2021年）

パフォーマンス：2・5倍

▼コロナ禍によるリモートワーク普及を見て購入。株価は2・5倍以上に。

ドキュサインは、クラウド上の電子署名技術を用いて、契約や稟議、署名捺印といったプロセスをペーパーレス化・電子化するソフトウェアを提供しています。

この銘柄も、コロナショック後のリモートワークで、短期間のうちに株価が急上昇した銘柄の1つです。

2020年度の売上が9億ドル程度だったところ、2021年度には前年比約61％増の14・5億ドルを記録、株価は2・5倍以上に伸びました。

コロナ収束後、ズーム同様に株価は下落トレンドにあります。ただ、2022年度以降も業績は比較的順調に推移しています。

デジタル署名の分野では同社がトップシェアとなっていますので、再び割安感がでているように思います。

図 52　ドキュサインの株価の推移

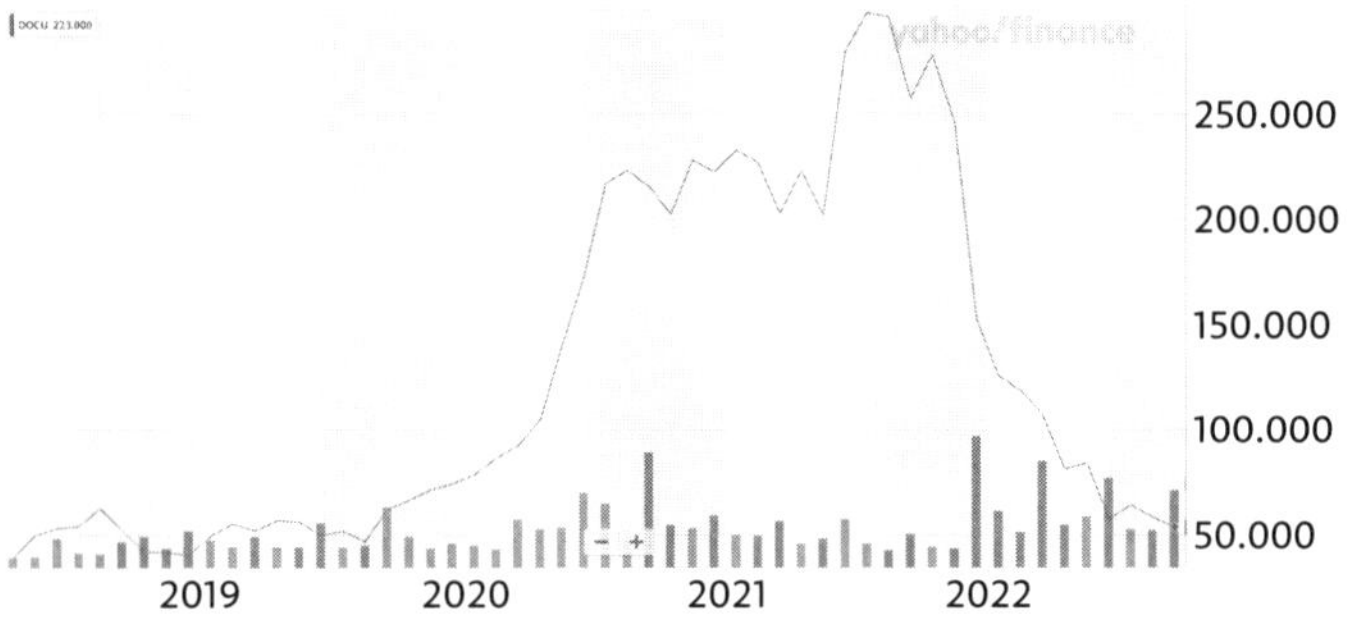

（出典）Yahoo! Finance

チョコの米国株投資のパフォーマンス⑮

エヌビディア（NVIDIA）

ティッカーシンボル：NVDA
株価：80ドル ↓ 320ドル（2020年〜2021年）
パフォーマンス：4倍
▼リモートワークの普及でハードウェアの需要も高まると思い、投資実行。株価は4倍以上に。

エヌビディアはアメリカの半導体メーカーです。

半導体の中でも特にGPU（グラフィックス・プロセッシング・ユニット）などのビジュアルコンピューティング技術に強みを持っています。

半導体はPCやスマホにとどまらず、ありとあらゆる分野で必要不可欠な部品です。

しかし、コロナ禍でのサプライチェーンの混乱と、リモートワークの急速な普及による半導体需要の増加によって、2020年度以降、半導体不足が深刻化しています。

ぼく自身、リモートワーク化が進む中で、家のPC環境を整備したりカメラや情報機器などを買いそろえましたが、ソフトウェアだけでなくハードウェアについての需要も世界的に高まるだろうなと想像しています。

エヌビディア以外にも、同じ半導体銘柄であるASMLやAMD、PCメーカー大手のHP、I

図 53　エヌビディアの株価の推移

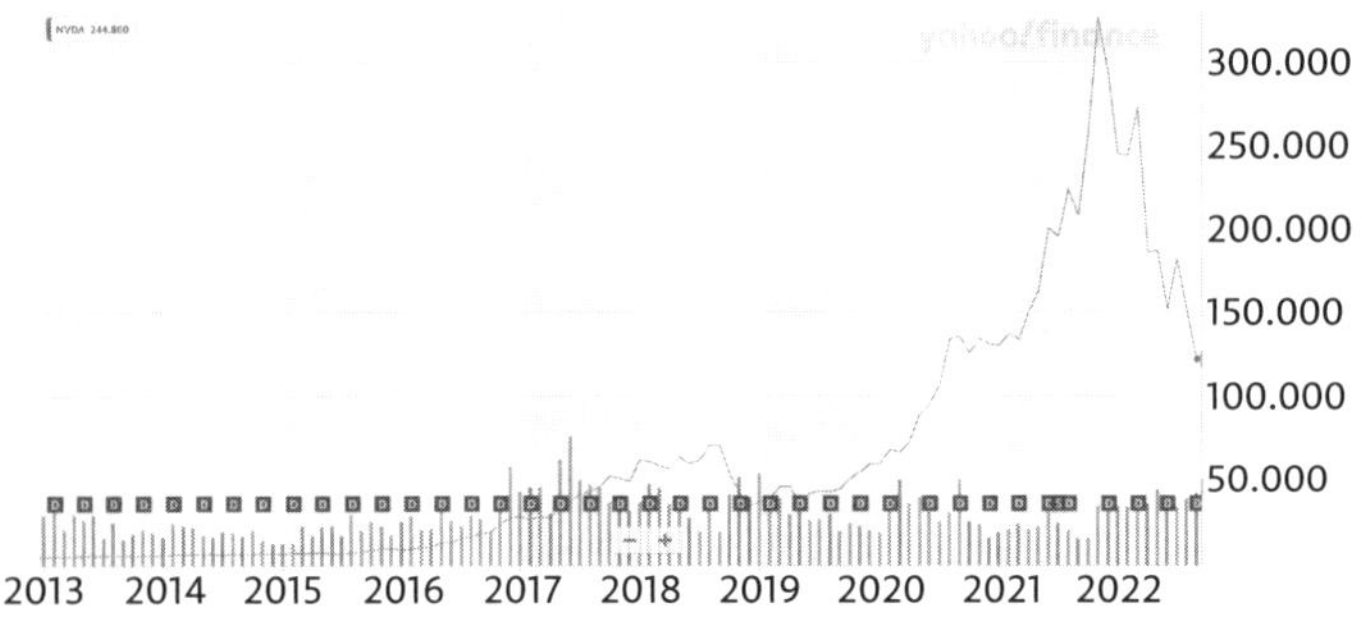

（出典）Yahoo! Finance

ＢＭなど、いくつかの関連銘柄を物色していましたが、最終的に株価の推移が堅調だったエヌビディアへ一本化していきました。

コロナ・ショック後、同社の業績は急速に伸びています。

２０２０年度には１０９億ドル程度だった売上は、２０２１年度に１６６億ドルまで成長しました。営業キャッシュ・フローも２０２０年度には47億ドルでしたが、２０２１年度には58億ドルとなり、株価は４倍以上の伸びを示しました。

コロナが一定収束して以降は、ＰＣ業界やゲーム業界などからの半導体需要が一服し、業績が大きく落ち込んでいます。

今後の同社がまた成長軌道に乗れるかどうかは、北米や中国といった地域にある超大型データセンターからの半導体需要を取り込めるかどうかに掛かっているとされています。

チョコの米国株投資のパフォーマンス⑯ **ダナハー・コーポレーション（Danaher Corporation）**

ティッカーシンボル：DHR
株価：180ドル ↓ 260ドル（2020年～2021年）
パフォーマンス：1・4倍
▼アフターコロナには医療・ヘルスケア株が伸びると予想して購入。今後の成長も期待。

ダナハーは米国の医療系コングロマリットです。

過去30年間で400社以上を買収し、多数の企業を統括しています。買収した企業にダナハーの経営システムを導入し、収益性を上げる仕組みが有名で、ダナハー・ビジネス・システムとして知られています。

ぼくはアフターコロナには医療・ヘルスケア領域の株が伸びるだろうと予想していました。そんな中、ダナハーの抗体検査がFDAに承認されたので、ヘルスケア分野の勉強をかねて投資を実行しました。

同時期にファイザーなどにも投資しましたが、思ったほど株価が伸びなかったので、最終的にダナハーに資金を集めました。

ダナハーが強みを持つ、医療機器や分析機器といった領域は、今後も拡大すると見込まれていま

図 54　ダナハー・コーポレーションの株価の推移

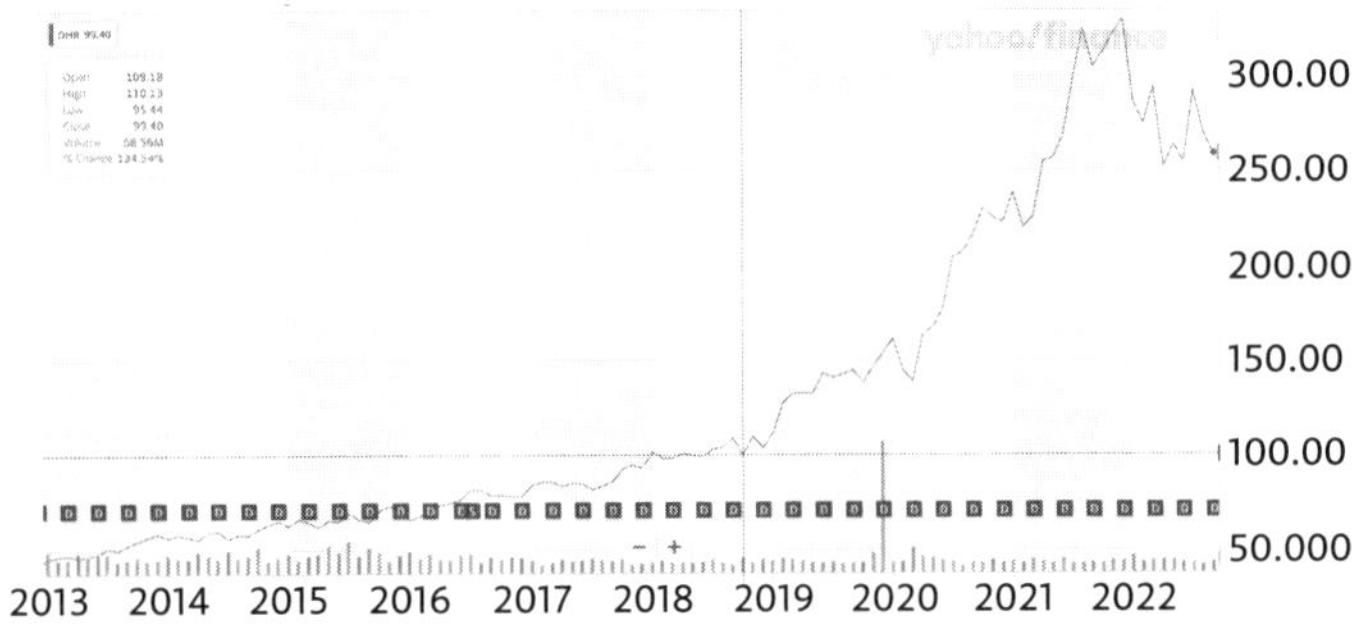

（出典）Yahoo! Finance

す。ダナハーの株価も右肩上がりで推移すると期待されます。

チョコの米国株投資のパフォーマンス⑰ ウォルト・ディズニー（The Walt Disney Company）

ティッカーシンボル：DIS
株価：90ドル ↓ 180ドル（2020年～2021年）
パフォーマンス：2倍
▼ロックダウン解除で客足が戻ると予想し購入。その後コロナ以前を超える好決算に。

ウォルト・ディズニーは多国籍マスメディア・エンターテイメント複合企業です。ディズニーランドなどのテーマパーク事業はもちろん、20世紀スタジオやピクサー、マーベル、ルーカスフィルムといった映画関連事業、そこから派生するグッズ販売や出版、ケーブルテレビなどの配信事業、近年ではHulu、Disney+といった定額制ビデオ・オン・デマンドサービスの運営も行っています。

コロナ禍によりディズニーのテーマパーク事業は大きな打撃を受け、2020年度の損益は大幅マイナスとなっていました。

図 55　ウォルト・ディズニーの株価の推移

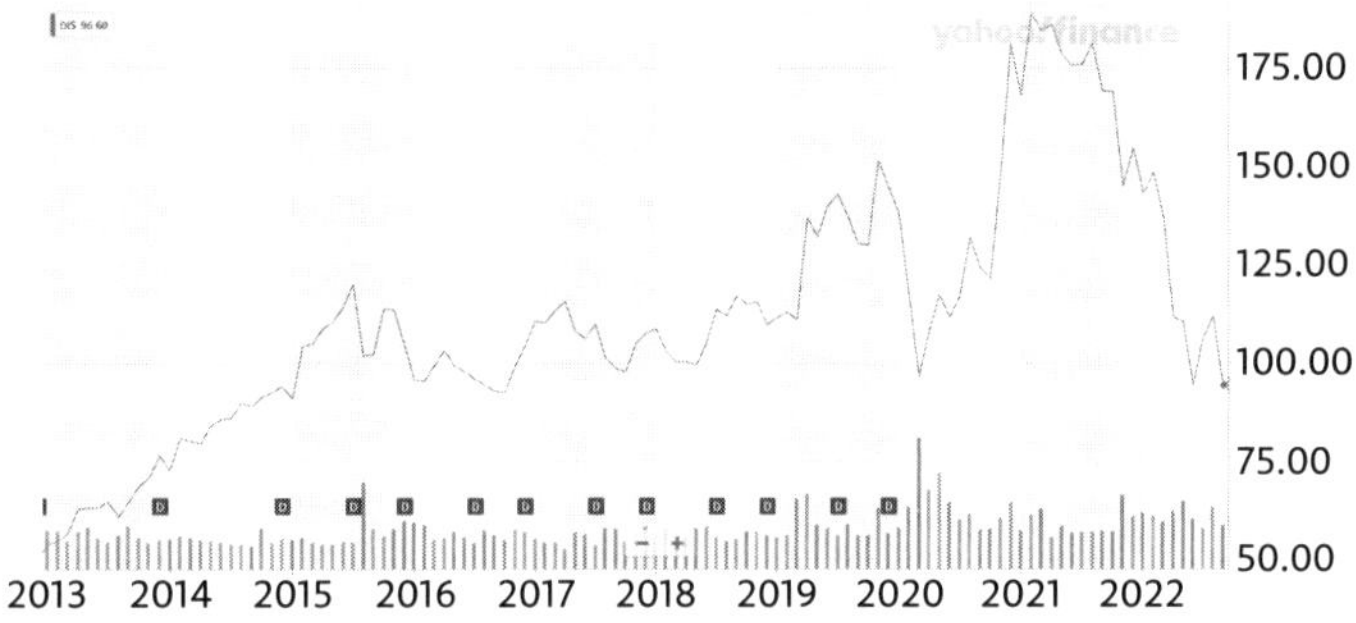

（出典）Yahoo! Finance

しかし、この状況がずっと続くとは思えませんでした。そのため、2020年の半ば頃に訪れた、株価の復調のタイミングでエントリーしました。

その後、ロックダウンの解除によって客足が回復し、業績はみるみる回復をとげ、コロナ以前を超える好決算を記録します。

動画配信サービスのDisney+はコロナの影響もあって会員数が増加、2022年8月には1・5億人以上のユーザーを獲得しています。今後の収益性にも期待が持てるでしょう。

チョコの米国株投資のパフォーマンス⑱
テスラ（TESLA）

ティッカーシンボル：TSLA
株価：100ドル ↓ 1200ドル（2020年〜2021年）※分割前価格
パフォーマンス：12倍
▼バイデン政権の誕生で注目度がさらに上昇。電気自動車投資の推進で好業績が期待できる。

テスラは、イーロン・マスクがCEOを務める会社で、電気自動車やその他エネルギー製品の設計、製造、設置、販売を行っています。

最近は日本の都心部にもディーラーが進出しており、テスラ車を見かけることも増えました。

図 56　テスラの株価の推移

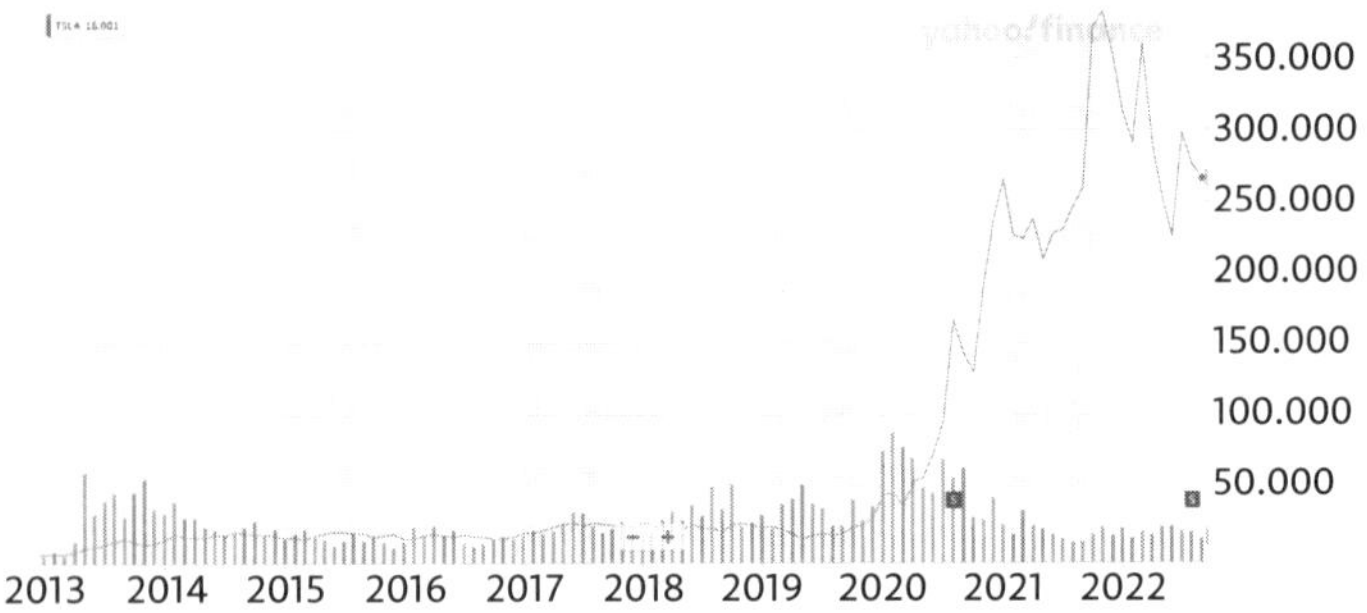

（出典）Yahoo! Finance

テスラは、コロナの影響というより、バイデン政権の誕生によって注目度がさらに上がった銘柄です。

バイデン大統領は就任初日に、トランプ政権下で離脱したパリ協定への復帰文書に署名するなど、環境対策を前面に打ち出しています。

中でも、電気自動車の普及は重要なテーマです。バイデン政権は２０２１年に総額約１３７兆円ものインフラ投資法案に署名しましたが、それには全米50万カ所に電気自動車充電施設を設置するための７５０億ドルの投資が含まれています。

米国政府が今後電気自動車を強力に推進するとなると、もちろんテスラの業績にも好影響を及ぼします。

そうしたトレンドも相まって、テスラの株価は２０２０年以降の１年間だけで10倍を超える上昇を見せました。

業績や収益性の面でも好調で、21年年度の決算は、売上高が前年比71％増の５３８億ドル、純利益は同約７・

7倍の55億ドル、販売数は同87%増の約94万台となりました。

今後、電気自動車がますます普及する中、テスラの一層の成長が期待されます。


前段でも触れていますが、世界の情勢やニュースなど大きな流れに逆らわずに売買をすることは、株式投資で良い成果を出すための重要なポイントです。

何か大きなニュースがあった際には、それが自分たちの身の回りにどういった変化を及ぼすかを予想してみます。発生しうる需要を予測して、期待できそうな企業にベットしてみるとよいでしょう。

予想が外れれば損切りすればよいわけですし、あらゆるニュースを1つの機会ととらえ、株式投資にチャレンジしていく姿勢が大事だと思います。

ぼく自身のコロナ前後の株式売買を考えてみても、その姿勢こそが重要だったのではないかと振り返っています。

STEP4　まとめ

- 資産規模が大きくなってきたら、分散投資を考える。ポートフォリオを組んで、「卵を全部割らない」投資を心がける。
- 「コロナ後に伸びる」銘柄への投資や、ハイリターン商品への投資など、ある程度のリスクを取ることも重要。

おわりに

以上、駆け足ではありましたが、ぼく自身が実際に売買した個別株銘柄を取り上げながら、1億円を目標に資産形成する方法を、4つのSTEPにわけてご説明してきました。

資金の少ない初期は、個別株を中心に売買し、2倍、3倍株を当てることが重要になってきます。その際に最も重要なポイントは、順張り投資を徹底し、大きな流れに逆らわないことです。

元手資金が1000万円〜3000万円以上になってくると、投資信託などの安定資産にも資金を振り向けていきます。複利の力を借りることで、20年〜30年後には、ほぼ確実に1億円を達成し、お金に支配されない自由を獲得できます。

そのスピードを上げることもできます。個別株勝負を続けるほかに、レバレッジ型投資信託や仕組債といったリスク資産も活用し、勝負するお金と安定運用するお金のポートフォリオを組むことが重要です。

ぼくの方法論があらゆる人に当てはまるわけではないでしょうが、それでも、みなさんの資産形成上、なにかしら参考にしていただけるのではと思っています。

直近の2022年は、米国の政策金利引き上げやウクライナ戦争などの政情不安によって、米国株市場が大きく値崩れしています。

しかしぼくは、**これもまた1つの大きな流れであり、これから株に取り組む人にはまたとないチャンス**だと思っています。

ぼく自身、金利引き上げにともない、保有銘柄の一部が値下がりして若干マイナスを出しています。しかし、それを損切りして、**エネルギーや食料といった、いわゆるコモディティ系の銘柄などにそのお金を振り向け、マイナス分を取り戻しています。**コモディティが政情不安を受けてじりじり値上がりしていた「大きな流れ」に乗った形です。

どういった景況下でも、資産を増やすチャンスはあります。

本書で説明させていただいた手法は、そうしたチャンスを逃さないための武器になるはずだとぼくは考えています。

チョコの米国株投資のパフォーマンス⑲ **シェブロン（Chevron Corporation）**

ティッカーシンボル：CVX
株価：85ドル → 170ドル（2021年 → 現在）
パフォーマンス：2・1倍
▼アメリカの金利引き上げの中で、コモディティ銘柄として購入。国際情勢が不安定化する中、株価は2倍に。

シェブロンは、石油・天然ガスの探査・開発および生産などの事業を展開する米国企業です。

2021年末〜2022年前半にかけて原油価格が上昇したことから、2021年10〜12月期決算では57億ドル以上もの利益を計上、前年の6・6億ドルもの赤字決算から50・5億ドルという大幅な黒字となりました。

配当についても前期比で増配になっており、自社株買いによる株主還元にも意欲的です。

2022年、ぼくが最も注力している銘柄の1つです。

図 57　シェブロンの株価の推移

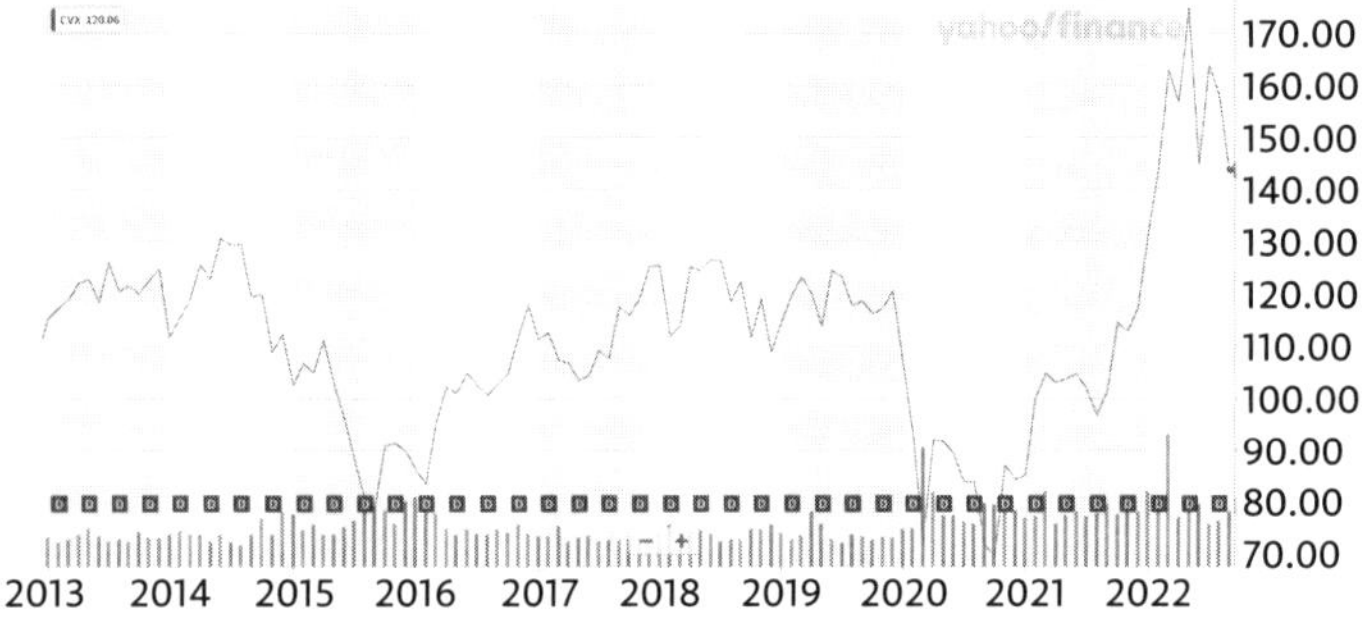

（出典）Yahoo! Finance

チョコの米国株投資のパフォーマンス⑳

アーチャー・ダニエルズ・ミッドランド（Archer Daniels Midland）

ティッカーシンボル：ADM
株価：60ドル ↓ 90ドル（2022年 ↓ 2022年）
パフォーマンス：1・5倍
▼世界最大級の穀物メジャーであり、コモディティ銘柄として購入。世界的な小麦不足で上昇トレンド。

アーチャー・ダニエルズ・ミッドランドは、世界最大級の穀物メジャーです。

農家から穀物を買い入れ、加工し、小売り店舗やメーカーに販売する企業となります。

他の銘柄に比べると業績や株価はもう一つではあるのですが、世界的な小麦不足をふまえて株価が上昇トレンドに乗る可能性や、2022年前半に代替タンパク質などへの積極投資を発表したことから、長期的には成長可能性があると見ています。

個人的に投資セクターを分けてポートフォリオの分散を図りたいこともあって、投資を行っています。

図 58　アーチャー・ダニエルズ・ミッドランドの株価の推移

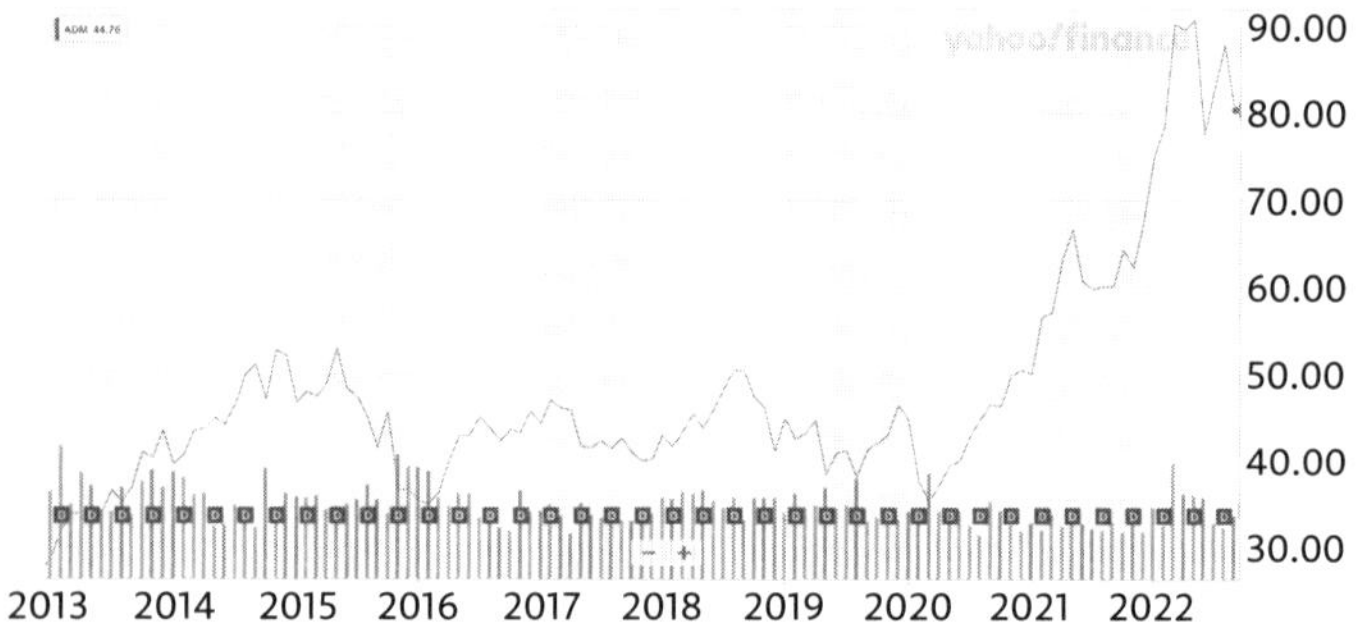

（出典）Yahoo! Finance

コロナショック後の金融緩和によって、米国株は底値に比べて2倍以上にも値上がりしました。それを考えると、近いうちに米国株が底を打って反転する可能性は高いとぼくは思います。

ですので、今は安定資産や現金の割合を増やし、株価の反転を見定めてから大量に株を買えるように準備をしています。

米国は世界最強の経済大国といって差支えないと考えます。

昨今のようにマーケットが大きく変動している時は、投資をはじめるのにうってつけの機会です。これまでも米国株式市場は、こうした暴落から幾度となく蘇って最高値を更新しているのです。

これほど割安に米国株を買える機会はそうそうありません。

ぼくの方法論が少しでもみなさんのお役に立てば幸いです。

2022年11月
チョコ

装丁／TwoThree　金井久幸
マンガ・イラスト／伊藤カヅヒロ
DTP 制作／(株) キャップス
校正／小栗一夫
編集協力／名古屋剛
編集担当／立澤亜紀子 (KADOKAWA)

チョコ
某IT企業に勤務する傍ら、2016年から個人投資家としてのキャリアをスタート。

日本株・米国株・不動産・仮想通貨への投資のほか、複数の事業買収やバリューアップ、エンジェル投資にも携わる。

現在は個人投資家としての活動に軸足を置きつつ、独立してファンド企業の代表を務める。

運営するブログ「チョコの株式投資Diary」は月間100万PV以上を記録。

リアルガチ！3倍《ばい》になる米国《べいこく》個《こ》別株《べつかぶ》の見《み》つけ方《かた》
月収《げっしゅう》30万円《まんえん》ボーナスなしサラリーマンでも2.6億円《おくえん》つくった方法《ほうほう》

2023年 1 月26日　初版発行

著者／チョコ

発行者／山下 直久

発行／株式会社KADOKAWA
〒102-8177　東京都千代田区富士見2-13-3
電話　0570-002-301（ナビダイヤル）

印刷所／凸版印刷株式会社

●お問い合わせ
https://www.kadokawa.co.jp/（「お問い合わせ」へお進みください）
※内容によっては、お答えできない場合があります。
※サポートは日本国内のみとさせていただきます。
※Japanese text only

定価はカバーに表示してあります。

ISBN 978-4-04-605934-5　C0033